RACCONTI SIMPATICI

A graded reader for intermediate students

Liliana Briefel

Editorial Advisor
Mary LaPorta Aulicino

National Textbook Company
a division of NTC Publishing Group • Lincolnwood, Illinois USA

A Note to Students

You have moved up to a level where reading a second language can be enjoyable as well as educational. The book you are going to read, whether it is in Spanish, French, German, or Italian, will not only provide you with hours of reading enjoyment, it will also give you the confidence that you are growing in the language you have chosen to study.

The tales in this series have been largely written with a humorous bent, and most of them may be read within a single class period. Grammar and vocabulary have been specially tailored to your level, so that you can understand and enjoy the readings with a normal amount of effort.

After you have finished these humorous stories, you will want to read all the books in the set for your language. There is a total of four sets. In Spanish, you will find *Diálogos simpáticos, Cuentitos simpáticos,* and *Cuentos simpáticos;* in French, *Dialogues sympathiques, Petits contes sympathiques,* and *Contes sympathiques;* in German, *Lustige Dialoge, Lustige Geschichten,* and *Spannende Geschichten;* and in Italian, *Dialoghi simpatici, Raccontini simpatici,* and *Racconti simpatici.*

The dialogues and stories in these books have all been recorded on cassette tapes, so that both your reading ability *and* your listening comprehension are developed through these sets.

Whatever language you are studying, the books and tapes in this series offer you a great deal to learn and enjoy.

1992 Printing

Published by National Textbook Company, a division of NTC Publishing Group.
©1987, 1981 by NTC Publishing Group, 4255 West Touhy Avenue,
Lincolnwood (Chicago), Illinois 60646-1975 U.S.A.

Introduction

Racconti simpatici meets the criteria of a comprehensive graded reader for intermediate students of Italian. The eighteen stories included are written in a humorous vein and are replete with cultural references to modern Italy.

These lively *racconti* are accompanied by a variety of well-constructed exercises that test and develop comprehension and promote conversation. The structures presented in the exercises provide for the development of writing skills by progressing from simple to increasingly complex forms.

The cultural notes in the text serve as an impetus to further explore the culture and heritage of Italy.

It has been my experience that pupils lose interest in stories that cannot be completed within a single class period. Therefore, each of these stories is short enough—between 250 and 300 words—to enable the average student to complete the reading within a forty-minute class period.

The vocabulary is of very high frequency, so that there is a strong correlation between *Racconti simpatici* and the popular basal textbooks. In addition, the stories expose the students to current daily idioms, so that when they reach the plateau of reading literary passages, they will enjoy them even more because they will be better prepared to understand them.

Each story has its own marginal vocabulary for instant recognition of new words, idioms, and difficult verb forms. To further aid the student in comprehension, the end vocabulary lists all the words used throughout the stories.

The grammatical content of the stories is indicated in the table of contents for best possible use in conjunction with the basal text.

There is a wealth of varied, graded exercises for the pupil to develop the skills needed for reading comprehension, conversational ability, and writing stimulus. These exercises present a reasonable challenge to pupils on all levels of ability. The information necessary for arriving at most of the correct answers is presented within the stories; therefore, the students are spared the drudgery of constantly having to consult their basal texts.

The exercises fall into two groups. The first group immediately follows the story to test comprehension on a passive level by means of multiple choice, matching and fill-in-the-blanks exercises. On an active level, the questions in the text in Italian promote written and oral free expression by requiring individual answers.

The second group of exercises, which appears at the end of the book in an appendix consists of 1) vocabulary exercises—cognates, synonyms, antonyms, word families, and definitions—to expand vocabulary power of words used in the stories; 2) pattern drills for the mastery of idioms and structures; 3) varied verb drills to develop knowledge and reinforcement of verb tenses and moods; 4) writing stimulus exercises to enable the student to actively employ the vocabulary and grammar he or she has learned; 5) review exercises to further reinforce material previously learned.

All exercises may be used to bring slow pupils up to level while maintaining high interest for pupils who are on or above level.

Racconti simpatici can be used as a supplementary reader for all intermediate Italian classes. The stories serve as reading and cultural experiences for the student and the exercises serve as a broadening and enforcing experience in using and learning vocabulary, structure, and verb forms. For the slower student or class the humorous readings can serve as a springboard to the strengthening of vocabulary through the exercises and to the understanding of the structures and verb forms outside the basal text. These students may well welcome these exercises because they are not associated with their classroom text. Above average students can use the book as a device to progress further in their acquired skills. For individualized instructional programs, the book is a valuable supplementary source to the student for further practice in structures and verbs and in strengthening vocabulary.

Racconti simpatici and *Raccontini simpatici* (for beginning students) offer the most complete supplementary materials to meet the needs of students of Italian.

Buona fortuna!

Liliana Briefel

Contents

1. A buon intenditore, poche parole

Alessandro De Vivo parte da un piccolo paese di provincia, e arriva a Siena. È venuto ad ammirare i costumi antichi del 1400 indossati° dai cavalieri,° che rappresentano le contrade° di Siena, in una gara di cavalli. Il vincitore della gara riceverà in premio un bel drappo.

    Questa festa si chiama "Il Palio" dal nome latino "pallium."° È una manifestazione che attrae° molti turisti.

    Alessandro nota una bella ragazza che, con delle amiche, assiste alla gara. Subito cerca di fare amicizia:

    —Signorina, mi permetta di presentarmi,° mi chiamo Alessandro De Vivo e sono appena arrivato in questa bella città.

indossati worn
cavalieri riders
contrade districts

drappo cloth

pallium cloth
attrae (attrarre) attracts

presentarmi to introduce myself

1

—Molto piacere—risponde la signorina. Dato che° dato che since
il bel giovane sembra beneducato,° la giovane si beneducato well-mannered
offre di accompagnarlo a visitare la città.

Durante la breve passeggiata Alessandro, che vuole fare una bella figura con la ragazza, parla esageratamente dei suoi studi (inventati) della sua famiglia ricca (solo di figli), delle sue abilità sportive (gioca solo a carte), e delle sue belle amiche (che esistono solo nella sua fantasia).

La giovane, che è molto intuitiva, capisce che c'è molta invenzione in quello che dice il suo compagno. Decide però di non rivelare la sua incredulità.

Alla fine della passeggiata, il giovane le domanda:

—Posso accompagnarla a casa?

—No grazie, — ella risponde — non è necessario. Ho il mio autista che mi sta aspettando.

—Posso allora telefonarle?

—Certamente!

—Qual'è il suo numero telefonico?

—Lo troverà nella guida telefonica. La guida contiene tutti i numeri.

—Ma scusi, qual'è il suo nome?

—La guida è completa di tutto, troverà quindi anche il mio nome.

E con queste parole se ne va.° se ne va (andarsene) goes away

Choose the phrase which best completes the sentence.

1. Il Palio è
   a) una piazza di Siena.
   b) una contrada di Siena.
   c) una gara di cavalli.
   d) un piccolo paese.

2. Il giovane
   a) si presenta ad una ragazza.
   b) riceve un premio.
   c) arriva da Milano.
   d) indossa un costume antico.

3. Alessandro
   a) parla alle amiche della ragazza.
   b) si offre di accompagnare la ragazza.
   c) vuole fare una bella figura.
   d) ha una famiglia ricca.
4. Mentre camminano per la città, la giovane
   a) dice che il giovane esagera.
   b) dice che ha molte amiche.
   c) non dice niente.
   d) dice che Alessandro è educato.
5. Dopo la passeggiata,
   a) il giovane accompagna la ragazza a casa.
   b) la giovane gli dà il suo numero di telefono.
   c) ella gli dice come si chiama.
   d) egli le domanda come si chiama.

2. L'astronauta

È un giorno festivo. La famiglia Bartolucci è riunita in salotto. Fanno il paragone° tra Cristoforo Colombo e gli astronauti americani che sono appena° tornati sulla Terra dal loro fantastico viaggio sulla Luna. Che° coraggio bisogna avere per fare un tale° viaggio!

Si sente la voce di Angelo, un bambino di sei anni:

—Anch'io voglio fare l'astronauta . . . voglio andare sul Sole!

—Angelo,—osserva il padre con un sorriso — fin'ora° hai sempre detto che volevi fare la guardia,° il pompiere° o il soldato. Ora dici che vuoi fare l'esploratore. Lo sai che è un lavoro estremamente difficile e pericoloso?

—Non ho paura di attraversare lo spazio! — ribatte° il piccolo — Sono perfino più coraggioso di Cristoforo Colombo. Andrò sul Sole!

paragone comparison

appena just

che! what!
tale such a

fin'ora up to now
guardia policeman
pompiere fireman

ribatte refutes

4

—Angelo mio, – dice la madre – lo sappiamo che
sei coraggioso. Ma non potrai andare sul Sole. Il Sole
è un globo di fuoco, ed il fuoco ti brucerà. Come
potrai proteggerti dai raggi del sole?

—Mi coprirò il corpo con una lozione, e mi metterò
gli occhiali da sole, come fai tu quando andiamo alla
spiaggia.

—Non sarà sufficiente a proteggerti – lo mette in
guardia° la madre.

mettere in guardia to caution

—Allora . . . Farò il viaggio di notte! – conclude il
piccolo, battendo le mani.

I. Complete the sentences by unscrambling the words in parentheses.

1. La famiglia Bartolucci è (dopo, salotto, cena, in).
2. Paragonano (astronauti, Colombo, americani, a, gli, Cristoforo).
3. Angelo, bambino di sei (diventare, astronauta, anni, vuole).
4. Desidera (astronauta, e, l', andare, fare, sole, sul).
5. Sa che è un'impresa rischiosa, ma (ha, lo, paura, di, non, spazio, attraversare).
6. (Che, La, Sa, Madre) il figlio ha coraggio.
7. Il viaggio è pericoloso perché (raggi, sole, troppo, i, del, forti, sono).
8. Per proteggersi si coprirà (una, di, contro, lozione, i, solari, raggi).
9. Quando vanno alla spiaggia (occhiali, madre, da, la, porta, sole).
10. Il bambino (di, viaggio, farà, il, notte).

II. Answer the following in complete Italian sentences.

1. Dove si riunisce la famiglia?
2. Da dove sono ritornati gli astronauti?
3. Dove vuole andare Angelo?
4. Quale lavoro è molto pericoloso?
5. Di chi è più coraggioso il bambino?
6. Che cosa pensa la madre di suo figlio?
7. Secondo la madre che succederà se il figlio andrà sul sole?
8. Il bambino ha una buon'idea?

III. Conversation stimulus.

1. Dove vi riunite in famiglia?
2. Preferisci fare lavori pericolosi o sicuri?

3. Dove andrai la prossima estate? Al mare, in montagna, o in un paese straniero?
4. Sei coraggioso o codardo?
5. Che pensa tua madre di te?
6. Che pensi dell'idea di Angelo?
7. Ti piacciono i libri di fantascienza?
8. Che pensi degli astronauti?
9. Hai mai visto un'astronave a razzo?
10. Perchè paragonano Cristoforo Colombo agli astronauti americani?
11. Dov'è nato Cristoforo Colombo?

3. La mancia

Ho deciso di studiare l'italiano perché, un anno fa,° un anno fa a year ago
m'è capitato° d'ingannare, senza volere, un povero m'è capitato I happened to
cameriere.

L'estate scorsa ho passato le mie vacanze in un
buon albergo di Sorrento. Clima eccellente, bel mare,
ragazze simpatiche. Abbiamo passato ore intere alla
spiaggia a chiacchierare o ad ascoltare le vecchie
canzoni napoletane. Abbiamo anche fatto degli ottimi
bagni.°   fare il bagno to go swimming

Al momento del mio rientro negli Stati Uniti, pago
il conto, faccio i bagagli, saluto gli amici, salgo°   salgo (salire) I get on
sull'autobus per l'aereoporto di Napoli, e sento una
voce. È il cameriere che ha messo le mie valigie
sull'autobus.

—La mancia,° signore. La mancia!   mancia tip

7

Siccome non capisco il significato° di questa parola, gli mostro il passaporto. significato the meaning

—No signore, la mancia. . . .

Tiro fuori° la mia patente di guida,° ma il cameriere ripete di nuovo le stesse parole: — La mancia, la mancia . . .! tiro fuori I pull out
patente di guida driving license

L'autista chiude lo sportello, mette in moto° il motore mentre io sto ancora cercando *la mancia* nel mio portafogli.° Il veicolo si mette in moto lenta- mente. Attraverso il finestrino mostro al cameriere il mio certificato di vaccinazione e la tessera d'iscrizione° al sindacato,° ma il cameriere continua a gridare: — La mancia, signore, la mancia . . . mettere in moto to start

portafogli wallet

tessera d'iscrizione member-
ship card
sindacato union

L'autobus ora s'allontana rapidamente. Da lontano vedo il cameriere che, gridando, corre dietro l'autobus.

Tornerò a Sorrento l'anno prossimo per dare la mancia al cameriere. Mi dicono che sta ancora correndo, gridando:

—La mancia, la mancia!

I. Complete the sentences with the proper word in parentheses.

1. Il turista è stato (ingannato, in vacanza, negli Stati Uniti).
2. Ha passato molto tempo parlando (con il cameriere, con le ragazze, del clima).
3. Il turista è (italiano, sorrentino, americano).
4. Quando è sull'autobus, il cameriere gli chiede (il suo nome, una ricompensa, il suo indirizzo).
5. Il giovane non capisce cosa vuole dire la parola (passaporto, tessera, mancia).
6. Per questo motivo estrae un documento dal (finestrino, bagaglio, portafogli).
7. L'austista sta chiudendo (la valigia, l'albergo, la porta dell'autobus).
8. L'autobus comincia ad avviarsi (rapidamente, con lentezza, a Sorrento).
9. Dal finestrino vede il cameriere che sta correndo (al mare, all'albergo, per la strada).
10. Il turista passerà le sue prossime vacanze allo stesso albergo perché (vuole dare una mancia al cameriere, gli piacciono le ragazze, vuole ingannare il cameriere).

II. Answer the following in complete Italian sentences.

1. Perché il giovane ha deciso di studiare l'italiano?
2. Dov'è stato in vacanza?
3. Dov'è Sorrento?
4. Con quale mezzo ritornerà al suo paese nativo?
5. Perché il cameriere gli ha chiesto una mancia?
6. Che cosa gli ha fatto vedere al principio?
7. Quando ritornerà a Sorrento?
8. Si può andare a Capri in autobus?

III. Conversation stimulus.

1. Perché hai deciso di studiare l'italiano?
2. Dove sei stato in vacanza l'anno scorso?
3. Ti piace fare i bagni?
4. Chi fa le tue valigie quando fai un viaggio?
5. Di che cosa si ha bisogno quando si va in un paese straniero?
6. È importante conoscere la lingua che si parla in un altro paese?
7. Hai una patente di guida?
8. Hai una tessera d'iscrizione?
9. C'è una bella spiaggia vicino a casa tua?
10. Quando cominceranno le vacanze estive?

4. La punteggiatura

Roberto Stampa, da poco laureato all'Università di
Milano, è un giovane di ventidue anni, intelligente,
coraggioso ed idealista. Il suo motto consiste di *Non
maledire l'oscurità, accendi una candela.* Fa
l'insegnante e viene mandato° ad insegnare in un
ginnasio nei pressi di Milano.

laureato graduated

oscurità darkness

viene mandato is sent

    Il primo giorno di scuola, si presenta in classe pieno
di buona volontà e comincia la lezione.

—Oggi, impareremo l'importanza della punteggiatura.° Dapprima spiego ogni segno ed a che cosa
serve.°

punteggiatura punctuation

a che serve what it is used for

    E così comincia con la virgola (,), il punto e virgola
(;), i due punti (:), le virgolette (")... A questo
punto Federico, il peggiore alunno della classe,
interrompe la spiegazione con una domanda sciocca:

—Per quale motivo mettiamo due virgolette all'inizio e alla fine di una frase?

Il maestro, che ha capito benissimo che a Federico non interessa affatto° la risposta, gli risponde con spirito: *affatto at all*

—Usiamo i due gruppi di virgolette perché abbiamo due occhi, uno per ogni occhio. Ad ogni modo se vieni dopo scuola nel mio ufficio, cercherò di spiegartelo meglio. *spiegartelo explain it to you*

Federico, nel vedere che il maestro non s'è irritato alla sua domanda, continua a dire stupidaggini nel tentativo° di far perdere la pazienza al professore. *nel tentativo in the attempt* Poi, vedendo di non essere riuscito nel suo intento, dice ad alta voce:

—Io dico che il professore è ignorante.

Gli occhi dei compagni di Federico sono puntati° *sono puntati are fixed* sul professore che, invece di punire il ragazzo, va alla lavagna, prende il gesso e scrive la seguente frase:

L'alunno scortese dice: — Il maestro è ignorante.

E riferendosi° alla lezione dice: — Ora cambierò il *riferendosi relating* significato di questa frase senza cambiare l'ordine delle parole.

E sotto la frase ne scrive un'altra:

—L'alunno scortese, — dice il maestro — è ignorante.

I. Complete each of the statements.

1. Il signor Stampa	a)	significa non sapere.
2. Entra in classe	b)	e la frase cambia di significato.
3. La lezione tratta dell'uso	c)	che il maestro rimane calmo.
4. Federico è uno	d)	della punteggiatura.
5. Federico è maleducato	e)	una risposta spiritosa.
6. Il maestro gli offre	f)	per la prima volta.
7. Secondo il maestro, essere all' oscuro	g)	—Il maestro è ignorante.
8. A Federico dà fastidio	h)	va alla lavagna e scrive.
9. L'alunno scortese dice:	i)	quando interrompe la lezione.
	j)	studente ginnasiale.

10. Invece di punirlo, il maestro

11. Poi cambia i segni della punteggiatura,

12. —L'alunno scortese

k) —dice questo maestro
   — è ignorante.

l) è un nuovo maestro.

II. Answer the following in complete Italian sentences.

1. Dove si è laureato il signor Stampa?
2. Qual'è il suo motto?
3. Il signor Stampa fa l'avvocato, l'ingegnere o l'insegnante?
4. Di che cosa tratta la prima lezione?
5. Perché Federico ha fatto una domanda sciocca?
6. Perché il maestro gli ha dato una risposta divertente?
7. Chi è più simpatico, il maestro o Federico?
8. Gli altri studenti prendono parte al dialogo?
9. Il maestro ha punito il ragazzaccio?
10. Che cosa ha fatto alla lavagna?

III. Conversation stimulus.

1. Com'è il tuo primo giorno di scuola?
2. Andrai all'università?
3. Che farai da grande?
4. Accetti il motto del signor Stampa?
5. Che cosa impari in questa classe?
6. Interrompi mai il professore?
7. Conosci qualcuno come Federico?
8. Sei mai punito?
9. Perdi mai la pazienza?
10. In quale materia sei maggiormente interessato?

5. Un pollo straordinario

Giulio viaggia molto. È appena ritornato da un lungo
viaggio. Ha con sè dei regali che ha comprato per i
suoi parenti.° Cerca, infatti, di portare ai suoi
familiari un piccolo ricordo° da ogni paese° che
visita. I regali, di solito, non costano molto e, qualche
volta, sono fuori del comune. °

E alla dogana, dove l'hanno trattenuto° a lungo per
ispezionare tutte le sue compere;° una paglietta per
il padre, una catena per l'orologio del nonno, uno
spillino d'oro per la nonna, un fazzoletto di seta per
la sorella e per la madre un uccello. Un uccello
straordinario. Infatti, secondo chi glielo ha venduto,°
parla sette lingue.

Finalmente arriva a casa e, felice dei suoi acquisti,
dà ad ognuno il proprio regalo. Dopo avere distribuito

parenti relatives

ricordo souvenir
paese country

fuori del comune unusual

trattenuto detained

compere purchases
paglietta straw-hat

glielo ha venduto sold it to
him

13

i regali esce di casa per andare a farsi tagliare i
capelli.°

farsi . . . i capelli for a hair cut

Al suo ritorno tutta la famiglia è in camera da
pranzo. Sul tavolo c'è un bel pollo arrosto: è il suo
piatto preferito.

Tutti hanno fame, si siedono a tavola, cominciano
a mangiare ed a parlare del suo viaggio. Giulio è più
interessato a sentire la reazione dei parenti ai suoi
regali.

—E a te, mamma, che te ne pare° dell'uccello?

che te ne pare? what do you think?

La madre, pensando al gusto del pollo, dice:

—Non era troppo gustoso!

—Ma io non sto parlando del pollo, mamma. Parlo
dell'uccello che t'ho portato!

—L'uccello! Dio mio! Ma era un pollo!

—Ma come? Hai cucinato l'uccello? Parlava sette
lingue!

—Se parlava sette lingue, come mai° non non ha
detto niente quando stavo per metterlo nella pentola?

come mai how come

Choose the phrase which best completes the sentence.

1. Durante i suoi viaggi, Giulio
   a) compra regali che costano molto.
   b) compra un orologio?
   c) compra regali eccezionali.
   d) cerca i suoi familiari.

2. Quando ritorna in patria, gli acquisti di Giulio
   sono ispezionati
   a) perché costano molto.
   b) perché costano poco.
   c) perché sono fuori del comune.
   d) perché Giulio deve passare la dogana.

3. Parla lingue straniere
   a) il venditore dell'uccello.
   b) il doganiere.
   c) il nonno.
   d) l'uccello che ha comprato.

14

4. Mentre Giulio è fuori, la madre
   a) si taglia i capelli.
   b) distribuisce i regali.
   c) prepara la cena.
   d) impara una lingua straniera.
5. Quando la madre lo sta mettendo nella pentola, l'uccello
   a) dice: — Non sono un pollo.
   b) non dice niente.
   c) dice: — Che ne pensi di me?
   d) dice: Sono un pollo straordinario.

6. Tradizioni

Un Indiano sudamericano parte dagli altipiani del Perù e, dopo avere visitato il Sud d'Italia, attraversa in traghetto[1] lo stretto di Messina per andare in Sicilia.

La Sicilia è per lui una rivelazione: un' incredibile varietà di paesaggio,° un vulcano, campi sterili, frutteti° di aranci, terreni coperti da magnifici boschi.° Tempii greci, moschee arabe, cattedrali grandiose rimangono a testimonianza° di civiltà greche, arabe, francesi e spagnole che si sono susseguite° nell'isola pittoresca.

La condizione socio-economica della popolazione riflette però il problema, non ancora risolto, della trascuratezza° e del malgoverno sofferti dai siciliani attraverso i secoli.

L'Indiano fa il giro dell'isola in macchina. Un giorno si ferma a prendere un caffè ad un bar[2]

traghetto ferry boat

paesaggio landscape

frutteti orchards

boschi woods
moschee mosques
a testimonianza as evidence

si sono susseguite followed
each other

trascuratezza negligence

all'aperto nella piazza di un paese. Fa molto caldo. Passa una processione, uomini e donne vestiti di nero° con fiori in mano.

di nero in black

Si rivolge ad un Carabiniere[3] e gli domanda che cosa sta succedendo. Il Carabiniere gli spiega che vanno al camposanto° perché è il Giorno dei Morti,° una ricorrenza importante.

camposanto cemetery
Giorno dei Morti All Soul's Day

Il turista continua a domandare: — Ma perché sono tutti vestiti di nero?

—Perché è un segno di lutto! — risponde il Carabiniere.

lutto mourning

—Ma questa è gente arretrata! Se fa tanto caldo perche le donne portano vestiti lunghi e la testa coperta da uno scialle° pesante?

scialle shawl

—Non sono arretrati! Sono buoni esseri umani e cosi fanno da tanti secoli. . . .

—Secondo me è un segno d'ignoranza!

—Scusi, chiede il Carabiniere, in che modo commemorate i defunti nel vostro paese?

—Il Giorno dei Morti portiamo sulle tombe roba da mangiare, da bere e monete.

Il Carabiniere si mette a ridere: — E mi dica, quando potranno i morti mangiare, bere e spendere il denaro?

—Lo faranno nello stesso momento in cui i vostri morti potranno sentire il profumo dei fiori e vedere i vestiti neri come segno di lutto.

Cultural Notes

[1] Traghetto — ferry boat for passengers and vehicles linking the islands with the mainland.

[2] Bar — In Italy a bar is a shop where coffee, soft drinks, ice cream, and pastry are served, as well as hard drinks.

[3] Carabiniere — Italian gendarme. They wear colorful uniforms.

I. Complete the sentences with the proper word or expression in parentheses.

1. La Sicilia è (la più grande, la più piccola) delle isole italiane.

17

2. La Sicilia è stata (separata, invasa) molte volte attraverso i secoli.
3. L'Etna è (un vulcano, un lago) della Sicilia.
4. Le comunicazioni tra la Sicilia e la penisola sono (facili, difficili).
5. Lo Stretto di Messina separa la Sicilia (dalla Grecia, dall'Italia).
6. È evidente che il turista non capisce (le tradizioni, la geografia) di quel paese.
7. Gl'Indiani del Perù ed i siciliani onorano la memoria dei loro morti (nella stessa maniera, in modo differente).
8. Quando un italiano muore, i superstiti lo piangono (per breve tempo, a lungo).

II. Conversation stimulus.

1. Per arrivare in Sicilia, il turista viaggia per mare o per terra?
2. Quali popoli hanno invaso la Sicilia?
3. L'ignoranza è dovuta alla mancanza d'istruzione o d'intelligenza?
4. Sei interessato nelle civiltà antiche?
5. Nel tuo paese c'è la tradizione di portare qualche cosa sulle tombe dei morti?
6. Secondo te, dobbiamo cercare di capire le tradizioni degli altri?
7. Nel tuo paese c'è una tradizione che uno straniero può non capire?
8. È più interessante viaggiare quando s'imparano nuovi modi vivere?

7. Qui si parla italiano

Si parla italiano in molte località degli Stati Uniti.
Sia° a New York, dove esiste un quartiere° chiamato
Little Italy, sia° in altre città americane, dove vivono
milioni d'Italiani.

sia...sia both...and
quartiere neighborhood

Secondo le statistiche la maggior parte di questi
italo-americani parla inglese, preferisce però andare a
fare spese° in negozi dove si parla italiano.

andare a...spese to go shopping

Per questo motivo nelle vetrine° di molti negozi si
legge una scritta: *Qui si parla italiano*.

vetrine windows

Molte volte sono soltanto i clienti che lo parlano,
mentre i proprietari ne conoscono solo alcune parole.

Un negoziante pensò bene° di aprire un negozio di
vestiti da donna in un posto frequentato da molti
italiani. Ma i giorni passavano e nessuno veniva a
comprare. Un suo amico, anche lui commerciante e

pensò bene had the good idea

19

molto fidato,° col quale si lamentava° per le
difficoltà in cui si trovava, gli consigliò di metter la
famosa scritta in vetrina.

—Ma io non voglio imbrogliare° nessuno, non so nè
dire nè scrivere una parola di questa lingua.

—Non importa° —rispose° l'amico. — Verrò
domattina e t'aiuterò. Cambieremo solo alcune parole
dell'insegna.

Il giorno seguente appare in vetrina un'insegna che
dice: *Qui NON si parla italiano, ma si vende a buon
mercato.°* Da quel giorno in poi° la gente fece la fila°
per entrare nel negozio. . . .

fidato trustworthy
si lamentava was complaining

imbrogliare to cheat

non importa it doesn't matter
rispose answered

a buon mercato cheaply
da . . . in poi from that day on
fece la fila lined up

I. Complete the sentences with an appropriate word or phrase.

1. A New York _____ circa un milione d'italo-americani.
2. Molti di questi continuano a _____ italiano.
3. Vanno a _____ nei negozi dove _____ italiano.
4. Questo negoziante non aveva messo l'insegna in vetrina perché _____ voleva imbrogliare _____.
5. Un amico gli viene in _____.
6. In vetrina appare una scritta con queste parole magiche:_____.

II. Answer the following in complete Italian sentences.

1. Cosa ne pensi del negoziante?
2. Dov'è il negozio?
3. Che cosa si vende nel negozio?
4. Perché si vedono queste insegne nei negozi?
5. Perché l'amico gli dà un consiglio?
6. Com'è l'amico?
7. Quali sono le parole magiche di questa insegna?
8. Per un commerciante è importante conoscere molte lingue?

III. Conversation stimulus.

1. Negli Stati Uniti si parlano molte lingue?
2. Quante lingue parli tu?
3. Ed i tuoi genitori?
4. Hai mai visto un'insegna simile a quella della storia?

20

5. Sei mai entrato in un negozio dove il proprietario non ti capisce?
6. Preferisci comprare in un negozio dove si parla la tua lingua o dove si compra a buon mercato?
7. Ti lamenti se le cose non ti vanno bene?
8. Hai un amico di cui ti puoi fidare?

8. Il concerto

Era un genio musicale. Le sue composizioni erano
migliori° di quelle di Scarlatti, suonava il pianoforte
meglio di Arturo Benedetti Michelangeli. Chi lo
diceva? . . . Il suo maestro di musica. Chi lo credeva?
. . . Solamente suo padre, ricco esportatore d'olio
d'oliva. Quando si ha la fortuna d'avere un genio
musicale come figlio, si ha l'obbligo di presentarlo al
pubblico.

    Il signor Forti (così si chiama il padre) pensa
bene di rivolgersi° ai parenti. Li invita a casa
promettendo loro° una serata musicale ed un bel
cesto° di frutta: arance, fichi,° uva° e ciliegie.

    —Chissà° quanta gente verrà al concerto, — si
augura° — butteranno le porte a terra per entrare!

    Due giorni dopo riceve le risposte al suo invito: i

migliori better

rivolgersi to turn to
loro to them
cesto basket
fichi figs
uva grapes
chissà goodness knows
si augura wishes

22

parenti si scusavano, ma non potevano venire. (In
effetti non avevano voglia di soffrire).

La paura s'impadronisce° del signor Forti. Che può   s'impadronisce takes hold
fare? Gli viene un'idea luminosa.° Cerca nella guida   luminosa brilliant
telefonica. Ci sono tanti *Forti*! Manda ad ognuno di
loro l'invito. Spera che data° l'omonimia del   data given, in view
cognome,° accetteranno l'invito pensando di venire   cognome family name
ad ascoltare un genio della propria famiglia.

La sera del concerto non c'è un posto libero. C'è
gente seduta perfino nel corridoio e nell'anticamera.°   anticamera entrance
Il genio comincia a suonare il *Valzer di un minuto*.
Improvvisamente un uomo entra di corsa e grida:
—Signor Forti, la Sua casa è in fiamme!° TUTTI i   in fiamme burning
signori Forti s'alzano precipitosamente e scappano.°   scappano flee

Il giorno seguente, nella critica musicale del
giornale locale si legge: — Il giovane genio musicale ha
battuto un record. Ha eseguito° *Il valzer di un minuto*   ha eseguito has performed
in dieci secondi.

I. Arrange these sentences in the proper order to form a summary.

Group A
1. I parenti non volevano venire.
2. Il maestro di musica diceva che il ragazzo era un genio.
3. Il signor Forti decide allora d'invitare tutti i Forti elencati nella guida
    telefonica.
4. Invita i parenti al concerto, promettendo loro un cesto di frutta.
5. Perciò il signor Forti decide di organizzare una serata musicale.

Group B
1. Alcune persone rimangono in piedi, perché non c'è abbastanza posto a sedere.
2. Siccome tutti si chiamano Forti, tutti fuggono.
3. Il giovane pianista comincia a suonare.
4. Molte persone sono venute ad ascoltare un loro parente.
5. Un uomo entra di corsa in casa dicendo che c'è un incendio.

II. Answer the following in complete Italian sentences.

1. Scarlatti era un compositore, un chitarrista o uno scienziato?
2. Chi faceva credere al padre che il figlio era un genio?
3. Qual era la professione del signor Forti?

4. Il padre era orgoglioso del figlio?
5. I parenti credevano che il pianista era bravo?
6. Che cosa ha fatto il padre per far venire la gente?
7. La casa di chi era in fiamme?
8. Quale record ha battuto il giovane?

III. Conversation stimulus

1. Suoni uno strumento musicale?
2. Sei un genio?
3. Ti piace la musica classica?
4. Preferisci andare ad un concerto, ad una partita di calcio o al cinema?
5. Hai pochi o molti parenti?
6. Che tipo di succo bevi la mattina?
7. Tua madre condisce l'insalata con l'olio d'oliva?
8. L'Italia esporta olio d'oliva?
9. Quali altri prodotti esporta?
10. Hai mai battuto un record?

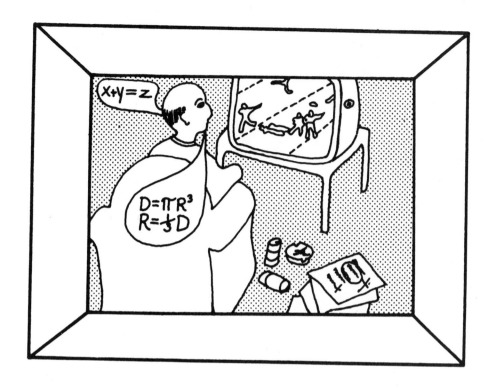

9. Il compito

—Giovanni, — chiama la signora Maria — spegni° la televisione e vieni ad aiutare Tina, che deve fare il compito per domani.

spegni turn off

Il marito è comodamente seduto nel salotto e sta guardando un'importante partita di calcio.

—Giovanni! — ripete la moglie — È più importante aiutare tua figlia che stare a guardare la partita! Questo è l'ultimo trimestre che hai la possibilità di farlo.

—Perché dici che non potrò più aiutarla? Tina non andrà a scuola l'anno prossimo?

—Certamente! — risponde la signora con sarcasmo — Ma l'anno venturo Tina farà la prima liceale, e tu non sai abbastanza per poterla aiutare.

Il signor Giovanni, seccato dal tono di voce della

moglie, spegne la televisione. Siccome ama la figlia, si siede al tavolino dove la ragazza sta studiando.

Cerca di concentrarsi, ma il suo pensiero corre alla partita di calcio che stava guardando: Chi avrà segnato la seconda rete?° Che avrà fatto il portiere?° ... Risponde alle domande della figlia, ma fa un sacco° di errori.

L'indomani, in classe, Tina alza la mano ogni volta che la maestra fa una domanda. Ogni volta la risposta che Tina dà non è quella giusta.

La maestra, finalmente indignata, le domanda:

—Tina, dimmi come può una sola persona fare tanti errori?

Tina guarda un momento la maestra e poi dice:

—Una sola persona non ha fatto tanti errori! Siamo in due. Io e mio padre che mi ha aiutata a fare i compiti!

avra segnato ... scored a second goal?
portiere goalie

fa un sacco ... makes a lot

Choose the phrase which best completes the sentence.

1. Il signor Giovanni guarda
   a) un libro di sport.
   b) una partita di calcio allo stadio.
   c) un evento sportivo alla televisione.
   d) un giornale illustrato sportivo.

2. La signora crede che
   a) è più importante guardare la televisione.
   b) è più importante andare al liceo.
   c) è più importante aiutare la figlia.
   d) è più importante fare il portiere.

3. Mentre il padre aiuta la figlia, pensa
   a) all'anno prossimo.
   b) al compito.
   c) al sarcasmo della moglie.
   d) a chi vincerà la partita.

4. Le risposte che il padre dà alla figlia sono
   a) esatte.
   b) corrette.
   c) sarcastiche.
   d) errate

5. La maestra crede che
   a) Tina non ha capito la lezione.
   b) qualcuno ha aiutato Tina.
   c) Tina farà la prima liceale.
   d) Tine è interessata nel calcio.

10. Amico o nemico

Un agnello° sta bevendo ad un ruscello.° Un lupo° agnello lamb
s'avvicina all'agnello e gli dice: ruscello stream
                                                              lupo wolf

   —Tu stai sporcando l'acqua che io sto bevendo!   sporcando making dirty

   —Signor Lupo, — dice il povero animale a mala

pena° respirando, — Lei si sbaglia perché io sono nella   a mala pena hardly

parte bassa del ruscello, mentre° Lei è nella parte alta.   mentre while

   —Se non lo stai facendo in questo momento, l'hai
certamente fatto l'anno scorso.

   —Signor Lupo, — spiega l'agnello terrorizzato, — ho
meno di un anno. . . . non ero qui l'anno scorso.

   —Se non l'hai fatto tu, l'ha fatto tuo fratello
maggiore! — continua il lupo cominciando a perdere
la pazienza.

   Lei può star certo° che non è stato mio fratello.   Lei può.... you may rest
Sono un povero orfano, senza padre, senza fratelli e   assured that

senza amici. Sono un agnello pacifico, onesto e non mi piace dire bugie.

—E a me non piace come mi manchi di rispetto° ... controbatti° quello che dico. ... parli troppo. La mia pazienza sta per° finire. Perciò° ti mangerò!

L'agnello comincia a piangere e ad implorare pietà.° Non vuole finire nelle mani di nessun macellaio,° nè servire da pasto° al lupo.

Improvvisamente un leone si getta° sul lupo e, minacciosamente, dice:

—Questo è un mio amico! Non gli dare fastidio! Se continui a spaventarlo,° ci sarò io a proteggerlo.

L'agnello è terrorizzato, segue il dialogo tra il lupo e il leone sperando in un miracolo. Sta zitto zitto.

Il leone va verso l'agnello e dice:

—Mi prenderò io cura di te, ti proteggerò contro quelli che ti trattano male. Tu resterai sempre con me. Però se m'addormento non ci sarà nessuno che ti difenderà. Così ti mangio io!

manchi di .... you are disrespectful to me
controbatti you refute

sta per is about to
perciò therefore

pietà pity

macellaio butcher
servire da pasto act as a meal
si getta throws himself

spaventarlo to frighten

I. Complete each statement in column A with a segment in column B.

A	B
1. Un lupo s'avvicina ad un agnello	a) l'hai fatto l'anno scorso.
2. Il lupo: − Stai sporcando l'acqua	b) che sta bevendo a un ruscello.
3. L'agnello: − Io sto quaggiù,	c) ti mangio io!
4. L'agnello: − Non ero qui l'anno scorso,	d) l'ha fatto tuo fratello!
	e) che sto bevendo.
5. Il lupo: − Se non lo fai ora	f) non ho nessuno.
6. − Se non l'hai fatto tu,	g) −Ci sono io a proteggerti.
7. L'agnello: − Sono orfano	h) ho meno di un anno.
8. Il lupo: − Tu sei un vero maleducato	i) e Lei è lassù.
	j) perciò ti mangerò."
9. Il leone dice al lupo:	k) −Lascialo in pace.
10. Il leone dice all'agnello:	l) un altro lupo ti mangerà.
11. −Se io m'addormento	
12. −Perciò	

29

II. Answer the following in complete Italian sentences.

1. Do v'è l'agnello?
2. Chi gli va vicino?
3. Con quale scusa il lupo comincia a spaventarlo?
4. L'agnello capisce subito che non tira buon vento?
5. Quanti anni ha?
6. Come cerca di allontanare il pericolo?
7. Che cosa ha in mente di fare il lupo?
8. Chi s'è gettato sul lupo?
9. Che intenzioni ha il leone?
10. Che fine fa l'agnello?

III. Conversation stimulus.

1. C'è un ruscello vicino a casa tua?
2. Che sentimenti provi verso l'agnello?
3. E verso il leone?
4. Pensi di proteggere chi è trattato male?
5. Chi vince? Chi ha ragione o chi è più forte?
6. Qual è l'insegnamento morale del racconto?

11. Gl'innocenti

Siamo in un tribunale.° Si discute il primo caso.

—Non sono colpevole, – dice il primo imputato° – sono innocente. Non ho rubato° la radio. Stavo camminando per una strada alle tre di notte. Alla mia destra ho visto una vetrina con un grande buco.° Mi sono fermato. In fondo alla vetrina c'era una radio; non sapendo a chi appartenesse,° ho avuto paura di lasciarla lì perché era una grande tentazione per una persona disonesta. Ho cercato una guardia ma non sono riuscito a trovarla. Così ho deciso di portare la radio al commissariato° di polizia che, sapevo, era lì vicino. Ero molto eccitato e forse un po' confuso: ho preso a sinistra invece che a destra.° In quel momento mi ha fermato un agente di polizia e ha preso la radio. Per riguardo verso° di lui, l'ho seguito

tribunale   court

imputato   defendant

rubato   stolen

buco   hole

appartenesse   bl
appartenesse   belonged

commissariato   police station

ho preso.... I turned left
   instead of....

per riguardo.... out of respect for

31

al commissariato da dove mi ha portato qui in tribunale.

Secondo caso:

—Signor giudice — dice il maggiore dei due giovani incolpati di aver rubato una borsa — siamo innocenti. Stavamo camminando per una strada, davanti a noi camminava una vecchia signora. Tutto ad un tratto,° si è girata° ed ha cominciato a colpirci° con la borsa. Per difenderci abbiamo afferrato° la borsa. La signora s'è messa a gridare. Per non svegliare la gente che dormiva, siamo fuggiti.° Abbiamo incontrato un poliziotto e gli abbiamo chiesto protezione. Ecco perché siamo qui. E per dimostrare che siamo persone oneste, vogliamo restituire il denaro caduto a terra mentre la signora ci stava colpendo."

tutto ad un tratto suddenly
si è girata turned around
colpirci to hit us
afferrato grabbed

I. Unscramble these sentences.

1. Il primo (rubato, la, non, imputato, radio, dice, che, ha).
2. (è, perché, visto, si, fermato, ha) una radio nella vetrina.
3. Non sapeva a chi (ha, appartenesse, e, avuto, di, lasciarla, paura).
4. Andava nella direzione opposta (confuso, molto, era, perché).
5. Per riguardo (agente, gli, verso, di, l', dà, polizia) la radio.
6. Il maggiore dei due (la, rubato, dice, borsa, giovani, di, avere, non).
7. La vecchia signora (è, li, voltata, ha, si, e, colpiti) con la borsa.
8. (hanno, difendersi, preso, per) la borsa.
9. Hanno cominciato a correre (non, perché, svegliare, volevano, nessuno).
10. Vogliono restituire (che, il, alla, per, era, signora, danaro, terra).

II. Answer the following in complete italian sentences.

1. A che ora passeggiava il primo imputato?
2. Che cosa ha notato?
3. Come giustifica di avere preso la radio?
4. In quale stato era quando ha sbagliato strada?
5. Ha dato la radio all'agente?
6. Di che cosa sono accusati gli altri due imputati?
7. La vecchia signora seguiva i giovani?
8. Che ora era?
9. A chi hanno chiesto di essere protetti?
10. Come vogliono dimostrare la loro onestà?

32

III. Conversation stimulus.

1. Hai una radio?
2. Le radio sono a buon mercato o sono care?
3. Hai un amico che ha una radio trasmittente?
4. Ascolti il notiziario alla radio o alla televisione?
5. Che cosa fai se trovi un pacco per la strada?
6. Che cosa fai se vedi che qualcuno ruba?
7. Sei mai stato in un tribunale?
8. Conosci un giudice?
9. Chi difende gl'imputati?
10. Secondo te questi imputati sono colpevoli o innocenti?

12. Altri innocenti

—Signor giudice, non sono venditore di droghe. Uno sconosciuto m'ha fermato all'angolo e mi ha detto: — Mi sembri una persona onesta. Prendi questo pacchetto e mettilo nel tuo portafogli perché il mio è rotto. Vado a casa per aggiustarlo° e ritorno fra pochi minuti.

    Ho creduto a quello che mi ha detto, ho preso il pacchetto e subito dopo l'uomo è scomparso.°

    In quel momento arrivano dei miei amici che mi dicono: — Apri il pacchetto! Ci può essere una bomba.

    Entriamo in un androne° e stavamo aprendo il pacchetto con grande cautela, quando è arrivata una guardia che mi ha portato in prigione.

    —Io sono colpevole — dice il quarto accusato — di

aggiustarlo to mend it

scomparso disappeared

androne hall

essere in concorrenza con il governo. Io faccio
monete false che vendo a un prezzo molto inferiore di
quello del governo. Per patriottismo rinuncerò a
questi affari° e cercherò di lavorare in maniera più   affari business
onesta.

Il giudice, dopo avere ascoltato i vari testimoni,°   testimoni witness
pronuncia la sentenza.

—Condanno a sei mesi di prigione gli accusati dei
primi tre casi. Sospendo la condanna dell'ultimo
imputato — Lasciatelo libero!

—Signor giudice, — dice l'avvocato di parte civile°   l'avvocato di parte civile
— perché Lei lascia libero quest'uomo che ha anche   prosecution lawyer
lui commesso un crimine? È colpevole, l'ha detto lui
stesso!

—Lei ha ragione, quest'uomo è colpevole. Però se
io lo mando in carcere, tutti gl'innocenti si lamen-
teranno. Non vorranno vivere con un criminale. Per
questo motivo lo lascio libero. . . .

Choose the phrase which best completes the sentence.

1. L'accusato deve mettere il pacchetto
   a)   in tasca.
   b)   nel suo portafogli.
   c)   nell'angolo.
   d)   nell'androne.
2. —Apri il pacchetto — dice
   a)   lo sconosciuto.
   b)   un amico.
   c)   la guardia.
   d)   il giudice.
3. L'uomo che ha detto di non essere innocente era
   a)   il venditore di monete false.
   b)   un amico.
   c)   il secondo prigioniero.
   d)   l'avvocato di parte civile.
4. Il giudice
   a)   condanna tutti gli accusati.
   b)   condanna solamente l'ultimo imputato.

c)   sospende la condanna dell'ultimo prigioniero.

d)   sospende la condanna di tutti i prigionieri.

5.   Gli altri non vorranno vivere con

a)   l'ultimo imputato.

b)   l'avvocato.

c)   il giudice.

d)   un uomo innocente.

13. Un incontro inaspettato

Sono venuto a Roma dai miei zii per passare le mie vacanze estive. L'altro giorno, alla Stazione Termini° della Metropolitana,° fra la folla vedo con mia grande sorpresa il mio ex° maestro di New York, Mr. Jones.

Quando ero nella sua classe d'italiano lo facevo disperare.° Mi ricordo che una volta alla sua richiesta di coniugare il presente del verbo *andarsene*, invece di dire — me ne vado, te ne vai, se ne va. . . . — dissi: — Me ne vado! —, mi alzai e me ne andai. Non dimenticherò mai il suo sguardo infuriato.°

Mi avvicino a lui. Il signor Jones mi riconosce e stringendomi la mano° dice:

—Come stai? E che fai a Roma?

—Ma come professore, Lei si ricorda ancora di me?

—Certo! Noi professori ricordiamo sempre i peggiori alunni delle nostre classi.

Stazione Termini Rome's Railroad Station
Metropolitana subway

ex former

lo facevo disperare I used to drive him mad

infuriato enraged

stringendomi la mano giving me a handshake

Parlammo delle lezioni d'italiano, dei miei vecchi compagni e della mia permanenza a Roma. Al momento di salutarci mi domandò:

—Senti, voglio andare all'E.U.R.[1] a vedere il famoso Stadio Olimpionico, e non so come arrivarci. Che mezzo di trasporto° devo prendere?

—Professore, e Lei lo chiede proprio a me? Lo chieda ad un romano. Lei parla così bene l'italiano. . . .

—Figlio mio, ho parlato ad una guardia, ho fermato dei passanti, ... ma qui a Roma nessuno capisce l'italiano. . . .

mezzo di trasporto means of transport

Cultural Note

[1] E.U.R. (Esposizione Universale Roma) costruita nel 1953, è una vera e propria città moderna, in un sobborgo di Roma.

Choose the phrase which best completes the sentence.

1. Il ragazzo si trova
   a)   a New York.
   b)   in un sobborgo.
   c)   alla stazione.

2. Faceva disperare il maestro perché
   a)   non sapeva dov'era l' E.U.R.
   b)   non ricordava niente.
   c)   era uno studente terribile.

3. Il maestro insegnava
   a)   a Roma.
   b)   a New York.
   c)   l'inglese.

4. Il signor Jones vuole vedere
   a)   un'arena sportiva.
   b)   la Stazione Termini.
   c)   il centro della città.

5. Secondo il professore, a Roma
   a)   nessuno parla italiano.
   b)   nessuno capisce l'italiano.
   c)   nessuno sa dov'è l' E.U.R.

14. I contadini ed il formaggio

Mentre andavano al mercato per vendere i loro pomodori,° due contadini videro° per terra un grosso pezzo di formaggio. Scesero dalla carretta° e cominciarono a dividere il formaggio in due parti assolutamente uguali.

pomodori tomatoes
videro saw
scesero dalla carretta they got off the cart

Tommaso lo tagliò° e ne prese la parte più grande. Antonio, per niente soddisfatto:

taglio cut
prese took

—Perché ti sei preso la parte più grande?

—Quando tu dividi qualche cosa, quale parte ti prendi? – domandò Tommaso.

—Io prendo sempre la più piccola. – rispose Antonio.

—E guarda! Tu hai la più piccola allora perché ti lamenti?

Ad Antonio non piacque° affatto il ragionamento

non piacque did not like

di Tommaso. Invece di proseguire° per il mercato **proseguire** to go on
andarono a finire in sagrestia. Spiegarono il problema
al parroco e gli domandarono di fungere da° giudice. **parroco** parish priest

Il parroco prese il pezzo più grande del formaggio e **fungere da** act as
ne mangiò un pezzettino. Mostrò i due pezzi ai
contadini che ancora non furono soddisfatti: —
Questo è più grande! — No, quello è più grande!

Il parroco continuò a mangiare un pezzettino di
formaggio ora da un pezzo, ora dall'altro. I contadini
continuavano a litigare,° il formaggio continuava a **litigare** to quarrel
diminuire.... Infine non ne rimase più nemmeno un
briciolo.° **briciolo** tiny bit

Il parroco guardò i due contadini e, da giudice,
disse: — La faccenda è risolta per mancanza di **la faccenda** the matter
evidenze.

I due contadini uscirono dalla chiesa arrabbiati ed
affamati. Era già troppo tardi per andare al mercato.
Ritornarono ognuno a casa propria° senza un soldo, **ritornarono ...** each went
senza formaggio e senza un amico. back to his own house

I. Answer in complete Italian sentences.

1. Come andavano i contadini al mercato?
2. Perché cominciarono a litigare?
3. Secondo loro chi poteva mettere fine al litigio?
4. Dove entrarono?
5. Che cosa fece il parroco?
6. I due contadini erano mai soddisfatti?
7. Come si è risolta la faccenda?
8. Come ritornarono a casa i contadini?

II. Choose the phrase which best completes the sentence.

1. Dove vanno i due contadini?
   a) a comprare il formaggio.
   b) a vendere ortaggi.
   c) in chiesa.
   d) in tribunale.

2. Chi prende il pezzo più grande?

   a) Antonio.
   b) Tommaso.
   c) il parroco.
   d) un altro contadino.

3. Quando Antonio divide qualche cosa, che fa?

   a) si prende tutto.
   b) si prende la porzione più grande.
   c) non si prende niente.
   d) si prende la parte più piccola.

4. Secondo te, perché il parroco continua a mangiare il formaggio?

   a) perché gli piace il formaggio.
   b) perché vuole sbrigare la faccenda.
   c) perché vuole mettere fine alla disputa.
   d) perché i contadini non sono mai d'accordo.

5. Come finisce la storia?

   a) I contadini sono ancora buoni amici.
   b) I contadini si meritano la lezione.
   c) Nessuno è soddisfatto.
   d) I contadini raggiungono il loro scopo.

15. Punto di vista

Una notte oscura, un vecchio operaio° che stava **operaio** worker
ritornando a casa fu assalito da due assassini. Cercò
di difendersi, gridò per chiamare aiuto, ma nessuno
venne° a difenderlo. All'arrivo della polizia era già **venne** came
morto.

Tutta la città era in subbuglio.° Tutti erano **in subbuglio** in a turmoil
scossi° dal delitto e dall'indifferenza di coloro che **scossi** shaken
pur abitando° nella stessa strada non erano venuti **pur abitando** even though
in soccorso del pover'uomo.   they lived

La polizia cominciò ad interrogare i vicini di casa.
Alcuni dissero che stavano dormendo, altri che
avevano sentito le grida ma non sapevano che fare.
Solamente un uomo confessò di avere avuto paura
di verificare cosa stava succedendo.

Gl'investigatori continuarono nel loro interrogatorio. Un poliziotto si trovò a parlare con uno dei vicini che non sembrava prendere la cosa seriamente. Infatti sembrava burlarsi° di lui.

burlarsi to make fun

—Lei ha visto gli assassini? — domandò il poliziotto.

—Assassini? Non capisco il significato di questa parola. Che vuole dire?

—È qualcuno che ammazza!° — rispose il poliziotto un po' sorpreso.

ammazza kills

—Lei vuole dire un macellaio.

—No, è qualcuno che uccide le persone!

—Ah, un soldato.°

soldato soldier

—No, no! È qualcuno che uccide la gente in tempo di pace. . . .

—Ah, un dottore.

L'agente non sapeva più che dire. Fuori di sé,° afferrò° lo pseudofilosofo, lo scosse e gli disse: — Senta, se Lei continua a prendermi in giro, finirò io per commettere un delitto.

fuori di sè beside himself
afferrò grabbed
scosse shook

L'altro, fingendo° di essere spaventato, si mise a gridare: — Aiuto! Aiutatemi! Un assassino vuole ammazzarmi! Aiuto, per l'amor di Dio! . . . . .

fingendo making believe

Choose the phrase which best completes the sentence.

1. Chi venne in aiuto del vecchio?
   a) un poliziotto.
   b) un operaio.
   c) nessuno.
   d) un assassino.
2. Quante persone dissero di avere avuto paura?
   a) tutte.
   b) tutta la città.
   c) alcune persone.
   d) una.
3. L'investigatore incontrò
   a) un macellaio.
   b) un soldato.
   c) uno pseudofilosofo
   d) un dottore.

4. Secondo il vicino chi uccide la gente in tempo di pace?
   a) un agente di polizia
   b) un medico
   c) un uccello
   d) un soldato
5. Chi minaccia di, ammazzarlo è
   a) un investigatore.
   b) un operaio.
   c) un vecchio.
   d) un uomo che non prende la cosa sul serio.

16. Il cane che non sa nuotare

Al signor Ferri, possidente° di una grande tenuta° in Piemonte, piaceva molto andare a caccia.° Una mattina uscì con il suo nuovo cane da caccia che gli avevano regalato per il suo compleanno.° Era una fredda mattinata, arrivarono al lago ed in attesa° della cacciagione ogni tanto beveva un sorso° di vino dal suo fiasco. Finalmente uno stormo° di uccelli sorvolò il lago. Puntò° il fucile e sparò. Il cane si lanciò° per andare ad afferrare° l'uccello che era cascato in acqua. Il signor Ferri non poteva credere ai suoi occhi: il cane camminava sopra l'acqua. Aprì la bocca, ma non riuscì ad emettere° il grido di meraviglia.

   —Devo aver bevuto troppo, — si disse — gli occhi mi ingannano. Stiamo a vedere cosa succede la prossima volta!

possidente land owner
tenuta estate
andare a caccia to hunt

compleanno birthday

in attesa while waiting
cacciagione game
sorso sip
stormo flock
puntò aimed
si lanciò threw himself
afferrare to catch

emettere to utter

Sparò di nuovo. Non c'era alcun dubbio. Il cane andava sopra l'acqua. Il cacciatore si sentì orgoglioso e fortunato di possedere un tale cane.

Non vedeva l'ora° di far sapere a tutti il fatto incredibile.

non vedeva l'ora could not wait

Il giorno dopo invitò un amico ad andare a caccia con lui, ma non gli disse niente dell'accaduto.°

accaduto event

Come il giorno prima, arrivarono gli uccelli. L'amico puntò e sparò. Il cane si lanciò nel lago e, di nuovo, camminò sull'acqua.

Il signor Ferri guardò il compagno per vedere la sua reazione. Nessuna! Il compagno non sembrava rendersi conto° del miracoloso atto del cane. Per tutto il giorno l'amico non disse niente.

rendersi conto realize

Al tramonto,° tornarono a casa. Il signor Ferri non poteva sopportare° il silenzio dell'amico. Con un sorriso sulle labbra gli domandò:

tramonto sunset

sopportare to bear

—Che te ne pare° del mio nuovo cane? Non merita° elogi° per le sue virtù?

che ... pare what do you think

merita deserves

elogi praise

L'amico rispose: —Questo cane ha un difetto molto serio, non sa nuotare!

I. Unscramble these sentences.

1. Il signor Ferri (una, possidente, tenuta, era, di, grande, il).
2. Una mattina (caccia, con, nuovo, uscì, da, cane, un).
3. Beveva (ogni, un, freddo, perché, tanto, sorso, faceva, vino, di).
4. Il cane (si, in, gettò, per, l', afferrare, acqua, uccello).
5. Il signor Ferri (che, ingannavano, perché, occhi, lo, gli, credeva, bevuto, aveva, troppo).
6. Quando sparò di nuovo (che, altra, sopra, vide, cane, acqua, volta, un', il, andava, l').
7. Invitò (giorno, un, ad, seguente, il, amico, accompagnarlo).
8. Dopo (uccello, amico, poco, l', un, ammazzò).
9. Il signor Ferri gli domandò: — Che (pare, nuovo, te, del, cane, ne, mio)?
10. L'amico rispose: — Questo (nuotare, sa, non, animale).

II. Answer in complete Italian sentences.

1. Il signor Ferri è ricco?
2. Dove è la sua proprietà?

3. Perché ha ricevuto in regalo un cane da caccia?
4. Che cosa fanno i cani da caccia?
5. Che cosa faceva il signor Ferri vicino al lago?
6. Su che cosa volarono gli uccelli?
7. Da che cosa fu colpito un uccello?
8. Dove cascò?
9. Che fece il cane?
10. Che cosa meravigliò il padrone?
11. Andò subito a raccontare agli amici cosa era accaduto?
12. Un amico si dimostrò indifferente?
13. Secondo l'amico quale difetto aveva il cane?

III. Conversation stimulus:

1. Hai un cane da caccia?
2. Che cos'è un cane da guardia?
3. Ed un cane poliziotto?
4. Come festeggi il tuo compleanno?
5. Qual'è il tuo passatempo preferito?
6. Sai nuotare?
7. Chi inviti ad andare al cinema con te?
8. Hai un amico indifferente?
9. Ti piace il tramonto?
10. Hai mai nuotato in un lago?

17. Psicologia dei giovani

Oggi, i ragazzi si rifiutano di obbedire — spiegava
lo psicologo che godeva di gran fama. — Non
accettano i consigli dei genitori. In quanto a suo
figlio Antonio, mia cara signora, non si preoccupi°
eccessivamente. Se lascia tutta la sua roba per terra
prima di andare a letto, non lo critichi! Compri dei
ganci° e gli dica: — Questi ganci sono un regalo per
te. — Vedrà che appenderà° tutto.

Poche sere dopo Antonio ritorna a casa e sta per
entrare in salotto. Ai suoi piedi, sul tappeto, c'è un
libro. Antonio sta per passarci sopra senza
raccoglierlo.°

La madre, ricordando il consiglio dello psicologo
e indicando il libro con il dito, gli dice con
dolcezza:

fama reputation

non si preoccupi don't worry

ganci hooks

appenderà will hang up

senza raccoglierlo without
picking it up

—Tonino,° che c'è per terra?

—Un libro, mamma.

—Guarda dove metti i piedi,° fa' attenzione. Se inciampi° sul libro, ti puoi rompere il collo . . .

—Non ti preoccupare, mamma. Sto attento.

—Tonino, qual'è il titolo del libro?

—I Promessi Sposi di Manzoni.

—È un romanzo° molto interessante!

—Sì, mamma, ho finito di leggerlo una settimana fa.

La signora Aiello comincia a perdere la pazienza perché il libro era ancora per terra.

—Antonio, devo dire la verità. A volte sembri cieco,° sordo° ed incapace di capire l'italiano. Ma perché non prendi il libro? Qua nessuno mi dà una mano. Sono sempre io che raccolgo i calzini, le cravatte, le camicie che lasci dappertutto.°

—Mammina, calmati. Se devo raccogliere il libro, perché non me lo dici?

Tonino	nickname for Antonio
guarda . . . . piedi	watch your step
inciampi	stumble
romanzo	novel
cieco	blind
sordo	deaf
dappertutto	all over the place

I. Answer in complete Italian sentences.

1. Che cosa non accettano i giovani d'oggi?
2. Chi lo dice?
3. Perché Antonio può essere criticato dalla madre?
4. Che consiglio riceve la madre?
5. A che servono i ganci?
6. Quando Antonio entra in casa che cosa c'è sul tappeto?
7. Antonio l'ha visto o non l'ha visto?
8. Chi l'ha letto?
9. Chi è l'autore del libro?
10. Chi perde la pazienza?
11. Perché?
12. Chi raccoglie tutto da terra?
13. Perché?

II. With reference to the story complete the following sentences.

1. Ai ragazzi d'oggi non piace＿＿＿＿＿＿ i genitori.
2. Lo psicologo raccomanda alla madre di non ＿＿＿＿＿＿ il figlio.
3. Quando Antonio ritorna a casa, sta per ＿＿＿＿ sopra il libro.

4. La madre si è ricordata del consiglio dello psicologo e non ha _____ al figlio di raccogliere il libro.
5. Gli ha detto, invece, di _____ attenzione.
6. Antonio ha risposto che lui _____ sempre attenzione.
7. La madre dice che se Antonio inciampa, _____ rompersi il collo.
8. _____ si chiama il libro?

III. Conversation stimulus.

1. A te piace obbedire?
2. Metti tutto a posto prima di andare a letto?
3. Dai una mano a tua madre?
4. Tua madre ti critica per qualche cosa?
5. Ti dispiace se sei criticato?
6. Sei d'accordo con l'affermazione che ai giovani non piace obbedire?
7. Sei d'accordo con il consiglio che lo psicologo ha dato alla madre di Antonio?
8. Perché Antonio non ha raccolto il libro?
9. Perché Antonio non capisce cosa vuole la madre?
10. Secondo te è importante mantenere tutto in ordine in camera tua?

18. L'insegna

—Signor Siani, — disse il giovane al proprietario di
una pescheria,° — mi chiamo Aldo. Sono un artista, **pescheria** fish store
dipingo° insegne molto decorative. Vedo che Lei **dipingo** I paint
non ne ha come gli altri negozianti. Guardi quella
del suo vicino, il sarto:° *Sartoria. Confezioniamo* **sarto** tailor
abiti su misura.° O quella del calzolaio:° *Calzoleria.* **su misura** to measure
Si aggiustano scarpe, stivali, stivaletti. Quella del **calzolaio** shoemaker
macellaio: *Macelleria. La nostra carne è refrigerata.*
O anche quella dell'impresario di pompe funebri:° *I* **pompe funebri** funeral pro-
nostri clienti non si lamentano mai. Mi lasci fare cessions
una di queste insegne anche per Lei: *Pescheria. Qui*
si vende pesce fresco.

—Lei sta perdendo tempo, mio caro signor Aldo.
Non ho bisogno di niente. Soprattutto non mi serve
la scritta che Lei suggerisce. Se vuole Le spiego

perché. Consideriamo la parola *qui*. È chiaro che se vendo pesci, li vendo qui. Perciò la parola *qui* è inutile. Consideriamo ora la parola *fresco*. Se il pesce non è fresco nessuno lo vuole, quindi eliminiamo la parola *fresco*. E adesso *pescheria*. Dove si vende il pesce? In una panetteria? Dunque la parola *pescheria* non è necessaria. *Si vende*: naturale che si vende. Che ne faccio altrimenti, lo regalo? Rimane ora la parola *pesce*. Chiuda gli occhi! Faccia un bel respiro! Ha bisogno Lei di un'insegna per sapere che qui si vende pesce?

I. Answer in complete Italian sentences.

1. Che cosa si vende nel negozio del signor Siani?
2. Che vuole fare Aldo?
3. Che cosa fanno il sarto, il calzolaio ed il macellaio?
4. Che cosa non fanno i clienti dell'impressario di pompe funebri?
5. Che cosa dirà l'insegna che Aldo vuole fare?
6. Il signor Siani la vuole? Perché?
7. Se il pesce non è fresco, si può venderlo?
8. La parola "pescheria" è necessaria?
9. Che ne fa del pesce il signor Siani, lo regala?
10. Che cosa dice di fare al pittore?

II. Choose the phrase which best completes the sentences.

1. Che voleva fare il giovane? Il giovane voleva . . .
   a) dipingere pesci
   b) fare un'insegna per il sarto.
   c) aggiustare scarpe.
   d) fare un'insegna.
2. Quali clienti sono sempre contenti?
   a) quelli del sarto.
   b) quelli dell'impresario di pompe funebri.
   c) quelli del calzolaio.
   d) quelli del macellaio.

3. Questi clienti non si lamentano perché
    a)   la carne è refrigerata.
    b)   perché hanno scarpe.
    c)   sono morti.
    d)   comprano pesce fresco.
4. Il signor Siani non ha bisogno di
    a)   pesce pescato da molti giorni.
    b)   pesce fresco.
    c)   un'insegna.
    d)   una panetteria.
5. Quando il giovane respira, che cosa sente?
    a)   l'odore del pesce.
    b)   parlare.
    c)   una sensazione piacevole.
    d)   un lamento continuo.

Exercises

1. A buon intenditore, poche parole

I. Vocabulary Exercises

A. **Word Groups:** Find words from the same family in the story.

    1. esagerare

    2. permesso

    3. vincere

    4. amico

    5. fantastico

B. **Synonyms:** Find words of similar meaning in the story.

    1. spettacolo

    2. senza dubbio

    3. rispettoso

    4. manifestare

    5. corsa

C. **Antonyms:** Find words of opposite meaning in the story.

    1. il perdente

    2. fare una cattiva figura

    3. moderno

    4. proibire

    5. inabilità

D. Match the words in column A with their definitions in column B.

A	B
1. costumi	a) in modo gentile
2. vincitore	b) la gara
3. educatamente	c) vestiti speciali
4. invenzione	d) chi non crede
5. incredulo	e) chi vince
6. la corsa	f) risultato d'immaginazione

E. From these adjectives, choose three that would describe Alessandro and three that would describe the young lady.

1. intelligente	5. educato
2. bello	6. ospitale
3. bugiardo	7. vecchio
4. simpatico	8. beneducato

II. Verb Exercises

A. Future tense of regular *-are, -ere,* and *-ire* verbs. Complete the sentences.

Alessandro cercherà il numero di telefono.

Io _____ il numero _____ telefono.

Tu _____ la fermata dell'autobus.

Voi _____ _____ _____ .

Essi _____ di vincere.

Il vincitore riceverà un premio.

Tutti _____ .

Noi _____ lettera.

Voi _____ invito.

Io _____ amica.

Alessandro partirà alle nove.

Tu _____ tre.

Io _____ mezzogiorno.

Voi _____ una.

Gli altri _____ mezzanotte.

B. Change these verbs from the present to the future tense.

Model: parlo   parlerò

1. lavori	6. metto
2. vendiamo	7. si ferma
3. ricevi	8. cantano
4. faccio	9. finisce
5. pagate	10. dicono

C. Change these verbs from the present to the present perfect tense.

1. parlano	6. capisco
2. parte	7. vengono
3. domandate	8. noti

4. arriviamo   9. ti presenti

5. ricevi   10. vuole

D. Write each of the *underlined* verbs in the blank, making any necessary changes.

1. Mentre i cavalieri *fanno* una gara, Alessandro＿＿＿＿＿ amicizia con la ragazza.

2. L'autista *sta aspettando*, le amiche non＿＿＿＿＿.

3. Tutti *hanno assistito* allo spettacolo, ma io non＿＿＿＿.

4. Alessandro *è partito*, la ragazza non＿＿＿＿.

5. Noi *ci siamo conosciuti* a scuola, e voi dove ＿＿＿＿?

III. Structures: For each of the following groups of words, construct a sentence in the future tense. Make any necessary changes or additions.

1. Molta/persona/assistere/spettacolo.

2. Alessandro/presentarsi/bello /ragazza.

3. Due/giovane/fare/passeggiata.

4. Ragazza/non/credere/storia/Alessandro.

5. Alessandro/presentarsi/bello/ragazza.

6. Amiche/aspettare/amica/piazza.

7. Voi/trovare/numero/telefono.

8. Noi/partire/domani.

2. L'astronauta

I. Vocabulary Exercises

A. Word Groups: Find a word in the story from the same family.

    1. la fantasia

    2. il coraggio

    3. gli occhi

    4. coperto

    5. la protezione

B. Synonyms: Find words of similar meaning in the story.

    1. incredibile

    2. rischioso

    3. che basta

    4. applaudire

    5. è necessario

C. Antonyms: Find words of opposite meaning in the story.

    1. di giorno

    2. codardo

    3. coraggio

    4. la Terra

    5. di lavoro

D. From these adjectives, choose three that would describe Angelo, and three that would describe his parents.

    1. cauto   5. calmo

    2. immaginativo   6. realista

    3. codardo   7. divertente

    4. sorpreso   8. contento

E. Complete the sentences with one of the words listed.

    stelle   pompieri   spiaggia   occhiali

      pericoli   batte   sole

1. Quando fa caldo è piacevole andare alla_____.
2. Il lavoro della polizia è pieno di_____.
3. Durante il giorno riceviamo la luce del_____.
4. Ci sono molte_____in cielo.
5. Un bambino_____le mani quando è contento.
6. Molte persone portano_____da sole quando vanno al mare.
7. I_____sono molto coraggiosi.

II. Verb Exercises.

A. Future tense of irregular verbs *essere, andare,* and *potere*. These verbs change their stems, but the endings are regular.

Complete the sentences.

> Io sarò a casa mezzogiorno.
> Mia madre ed io_____.
> I miei fratelli_____ alle tre.
> Tu_____ una.
> Mio padre _____quattro.
>
> Angelo andrà sul Sole.
> Io non _____Sole.
> Voi_____ Luna.
> Gli astronauti_____ stelle.
> Domani è festa, noi non _____ a scuola.
>
> Giovanni, potrai venire a casa mia domani?
> Si, io _____venire a casa_____.
> Ragazzi, _____ a scuola domani?
> No, noi _____a scuola.
> Signora, Lei _____venire da me?

B. Give the infinitive of these irregular future forms.

1. sarete	6 potranno
2. avrò	7. verremo
3. andranno	8. berrò
4. vedrai	9. rimarremo
5. saprò	10. dovrete

C. Change these verbs from the present perfect tense to the future. Remember the spelling changes of the verbs ending in *-care* and *-gare*.

1. hai dimenticato	6. hanno spiegato
2. abbiamo pagato	7. avete giocato
3. ho cercato	8. abbiamo spiegato
4. hai pagato	9. hai giocato
5. abbiamo cercato	10. abbiamo pregato

III. Structures: Form sentences using the words in the order given. Make any necessary changes or additions. Look for the "cue words" in order to determine the tense of the verbs.

1. Anno/prossimo/partire/per/Italia.
2. Domani/io/mettersi/cappello/andare/spiaggia.
3. Ogni/sera/famiglia/riunirsi/salotto.
4. Mese/prossimo/io/fare/viaggio/autobus.
5. Quando/astronauti/andare/Sole?
6. Questo/momento/Angelo/parlare/genitori.
7. Ieri/tu/telefonare/professore.
8. Settimana/scorsa/noi/fare/compito/classe.
9. Ogni/giorno/tu/mi/dire:/Come/stare?
10. Di/solito/mangiare/sette.

3. La mancia

Vocabulary Exercises

A. **Word Building:** The word *portafoglio* is composed of two words *porta* from the verb *portare* and *foglio*. Put the word *porta* in front of the following nouns and give their meaning.

1. bagagli
2. carte
3. cenere
4. chiavi
5. cipria

6. aerei
7. fortuna
8. lettere
9. fiori
10. monete

B. **Synonyms:** Find words of similar meaning in the story.

1. far vedere
2. il senso di una parola
3. tra un anno
4. estrarre
5. ottimo

C. **Antonyms:** Find words of opposite meaning in the story.

1. avvicinarsi
2. rapidamente
3. antipatico
4. scendere
5. spegnere il motore

D. Complete the sentences with one of the words listed.

cameriere   mancia   autista   passaporto
clima   significa   autobus

1. È comodo viaggiare in _____.
2. All'arrivo in un paese straniero si deve mostrare il _____ .
3. Non voglio vivere in quella città perché il _____ è cattivo.
4. Il _____ serve i pasti.
5. Se il pasto è ben servito, si lascia una buona _____ .

63

6. L'_____ conduce un tassi.

7. Quando non capisco una parola, domando: — Che _____ ?

II. Verb Exercises.

A. Verbs with spelling changes. Verbs ending in *-ciare* and *-giare* in the infinitive drop the *i* when they are conjugated in the future tense.

comincerò	cominceremo
comincerai	comicerete
comincerà	cominceranno

B. Change these verbs to the future.

1. brucia	6. lasciate
2. abbracciano	7. bacio
3. cominci	8. cominciamo
4. mangia	9. lasciano
5. incoraggiano	10. mangi

C. Give the infinitive for these irregular past participles.

1. messo	6. chiesto
2. vinto	7. deciso
3. nato	8. permesso
4. letto	9. corso
5. chiuso	10. venuto

III. Structures: Form the sentences using the words in the order given. Look for the "cue words" that will help you determine the tenses of the verbs.

1. Anno/scorso/io/fare/viaggio/Italia.
2. Anno/prossimo/io/fare/viaggio/Italia.
3. Di/solito/io/fare/viaggio/Stati/Uniti.
4. Ogni/anno/tu/cominciare/studiare/nuova/materia.
5. Due/anni/fa/tu/cominciare/studiare/italiano.
6. Fra/tre/anni/tu/cominciare/studiare/chimica.
7. Tutti/giorni/noi/andare/casa.
8. In/questo/momento/noi/stare/andare/scuola.

9. Ieri/noi/andare/ristorante.

10. Domani/noi/mangiare/pizza.

IV. Writing Stimulus

Rewrite the following dialogue, changing each verb from the past to the future.

"Dove hai passato le vacanze?" _____

"Sono andato in Italia con la mia famiglia." _____

"Quali città avete visitato?" _____

"Roma, Milano, Napoli e siamo ritornati a Sorrento." _____

"Quanto tempo vi siete fermati a Sorrento?" _____

"Solamente una settimana." _____

"Quanto tempo avete viaggiato?" _____

"Circa un mese." _____

"Quando siete ritornati?" _____

"Alla fine di luglio." _____

4. La punteggiatura

I. Vocabulary Exercises

A. Word Building: The word *male* or its shortened form *mal* is used as a prefix. Put the prefix in front of these words and, if not sure, check their meaning.

1. dire
2. educato
3. essere
4. governo

5. sicuro
6. tempo
7. umore
8. visto

B. Synonyms: Find words of similar meaning in the story.

1. finire i corsi universitari
2. buio
3. recentemente
4. il più cattivo
5. il suo uso

C. Antonyms: Find words of opposite meaning in the story.

1. voce bassa
2. da molto
3. l'ultimo
4. benedire
5. cortese

D. Complete the sentences with a word from those listed.

segni di punteggiatura	serve	gesso	
malumore	motto	buio	candela

1. Il mio _____ è: *Chi non comincia bene, finisce male.*
2. Per scrivere sulla lavagna abbiamo bisogno del _____.
3. È difficile trovare la strada al _____.
4. Se non c'è luce elettrica, dobbiamo accendere una_____.
5. Il punto interrogativo ed il punto esclamativo sono_____ .
6. Quando vado male ad un esame, mi viene il_____.
7. A che_____questa medicina?

II. Verb Exercises

A. Change the verbs from the future to the present tense.

1. dovrà		6. vorremo
2. sarete		7. avrai
3. verrà		8. daremo
4. vedranno		9. dovrai
5. farò		10. cadrò

B. Change the verbs from the present to the future.

1. attacca		6. neghiamo
2. asciugano		7. spiegano
3. cercate		8. gioco
4. dimentichi		9. prega
5. pago		10. complicate

B. Certain verbs take a preposition before the following infinitive. Complete the sentences with the preposition *di* or *a*.

1. Il turista ha deciso_____ fare un viaggio.
2. È andato_____ passare le vacanze a Sorrento.
3. S'è divertito_____ parlare con le ragazze.
4. Ha cominciato_____ prepararsi per il viaggio di ritorno.
5. Ha creduto_____ avere fatto tutto.
6. Ha dimenticato_____ dare una mancia.
7. Il cameriere ha cercato_____ farsi capire.
8. Adesso impara_____ parlare italiano.

III. Structures: Form sentences using the words in the order given. Make any necessary changes or additions. Look for the "cue words" in order to determine the tense of the verbs.

1. Mio zio/venire/Stati/Uniti/anno/scorso.
2. Settimana/scorsa/professore/leggere/poesia/interessante.
3. Ieri/io/decidere/non dar fastidio/professore.
4. Nostra/squadra/calcio/vincere/campionato.
5. Oggi/Lucia/non/avere/mal/testa.

6. Domani/io/cercare/spiegare/lezione/nuovo.
7. Federico/essere/ragazzo/più/maleducato/classe.
8. Io/divertirsi/guardare/partita/calcio.
9. Due/anni/fa/io/cominciare/studiare/italiano.
10. Domani/voi/giocare/tennis.

5. Un pollo straordinario

I. Vocabulary Exercises

A. **Cognates:** 1. Find ten cognates in the story; 2. find two false cognates.

B. Complete the sentences with one of the words in parentheses.

    1. Giulio è (generoso, avaro).

    2. Alla dogana si dichiarano (le abitudini, gli acquisti).

    3. Il pollo ha un gusto (strano, straniero).

    4. Un poliglotta parla (poche, molte) lingue.

    5. Mio padre e mia madre sono i miei (parenti, genitori).

    6. Quando si fa un buon affare si spende (poco, molto).

II. Verb Exercises

A. Complete the chart of irregular present tense verbs.

	fare	volere	uscire
tu	____	____	____
noi	____	____	____
io	____	____	____
Giorgio	____	____	____
i genitori	____	____	____

B. Complete the chart of these verbs in the future tense

	cominciare	pagare	sapere	bere
voi	____	____	____	____
io	____	____	____	____
Lei	____	____	____	____
tu	____	____	____	____
Maria	____	____	____	____

C. Rewrite each of the *underlined* verbs in the corresponding form of the future.

Giovanni *parte* per l'Italia, *prende* l'aereo e *arriva* a Roma. *Si ferma* a Roma una settimana e poi va sul lago di Como, dove un amico

69

l'aspetta. I due amici *fanno* delle belle passeggiate e *possono* parlare di tante cose. *Sono* contenti di rivedersi.

D. Complete the following sentences with the correct form of the verb that is underlined.

Model: Adesso *sto studiando.*   Ieri non_____ affatto.
Ieri non ho studiato affatto.

1. Io scrivo a mia madre. A chi hai _____ tu?
2. Tu vai ad una partita di calcio. Anche a me piace _____ allo stadio.
3. Noi non abbiamo capito il racconto, e voi lo _____?
4. Vengo a casa tua alle tre, ma mio fratello non può _____.
5. Sai a che serve il punto interrogativo? Si, lo _____ .
6. Io sono arrivata presto. Mario, a che ora _____ tu?
7. Non faccio niente, e tu che cosa _____ adesso?
8. È interessante il libro che leggi? Io non l'ho ancora_____   Vorrei _____ .

70

6. Tradizioni

I. Vocabulary Exercises

A. **Word Groups:** Find words from the same family in the story and tell what both mean.

    1. il testimone
    2. rivelare
    3. popolare
    4. grande
    5. il paese

B. **Synonyms:** Find words of similar meaning in the story.

    1. cimitero
    2. negligenza
    3. differenza
    4. senza cultura
    5. alimenti

C. **Antonyms:** Find words of opposite meaning in the story.

    1. accuratezza
    2. fertile
    3. vivo
    4. scoperto
    5. bassopiano

D. Complete the sentences with one of the words listed.

problema	secolo	tradizione	tombe	morti
arretrato	moschea	ignoranza	esseri	lutto

    1. Ci sono molte_____ di pietra nei cimiteri.
    2. I_____ non possono sentire il profumo dei fiori.
    3. Chi rimane indietro in una cosa è _____ .
    4. La mancanza d'istruzione crea l'_____.
    5. Siamo tutti _____ umani.
    6. Il malgoverno crea un _____ grave per il popolo.
    7. Le donne siciliane portano il _____ per molti anni.

8. La _____ . è il tempio dei maomettani.

9. Il _____ . è un periodo di cent'anni.

10. La _____ consiste in usanze, abitudini, dottrine trasmesse di generazione in generazione.

II. Verb Exercises

A. Imperfect tense of regular *-are, -ere, -ire* verbs.

Complete the sentences.

Tu parlavi una lingua orientale.

Noi_____ .

Io _____ una lingua straniera.

Lei_____ .

Voi _____ .

Io avevo molta fame.

Tu_____ .

Il turista_____ molta sete.

Noi _____ .

I Greci_____ dei tempii in Sicilia.

Il turista non capiva.

Io _____ .

Gli studenti non _____ .

Mio fratello ed io non _____ .

Tu e tuo fratello non _____ .

B. Imperfect tense of *essere*.

Io ero stanco.

Tu_____ .

Noi _____ stanchi.

Le donne _____ .

Il turista _____ .

III. Structures: Form sentences using the words in the order given. Make any necessary changes or additions.

1. Turista/fermarsi/perché/avere/voglia/prendere/caffé.

2. Sud/Italia/avere/bisogno/molto/aiuto.
3. Mancanza/istruzione/creare/ignoranza.
4. Io/non/potere/viaggiare/perché/mi/mancare/tempo.
5. Gente/andare/cimitero/portare/fiori. (imperfect)
6. Mi/piacere/studiare/storia/popolo/antico.
7. Greci/avere/grande/civiltà. (imperfect)
8. Io/capire/cosa/donne/stare/fare.

7. Qui si parla italiano

I. Vocabulary Exercises

A. Word Groups: Find words from the same family in the story.

1. la clientela
2. il lamento
3. l'aiuto
4. il vetro
5. il commercio

B. Synonyms

1. truffare
2. il rione
3. domani mattina
4. non fa niente
5. a prezzi bassi

C. Antonyms

1. caro
2. tutti
3. ieri mattina
4. la minor parte
5. la facilità

D. Complete the sentences with one of the words listed.

negoziante   vetrina   bassi   italo-americano

vestiti   *Little Italy*

1. Un_____ è un americano di origine italiana.
2. Un rione di New York abitato da molti italiani si chiama_____.
3. Non tutti i negozi hanno una bella _____.
4. Il proprietario d'un negozio è un _____.
5. Per vendere molto bisogna tenere i prezzi_____.
6. In un negozio d'abbigliamento si vendono_____.

E. Che lingua si parla?

Match the words in column A with those in column B and write a sentence following the model: In Italia si parla italiano.

A	B
Messico	portoghese
Francia	ebraico
Germania	spagnolo
Israele	russo
Brasile	tedesco
Russia	francese

F. Word Building: Definitions in *ante* or *ente*. You know that: Il giorno che *segue* è il giorno *seguente*. Following the model, complete these sentences:

1. Una medicina che *calma* è un _____ .

2. Un libro che *interessa* è un libro _____ .

3. Un racconto che *diverte* è un racconto _____ .

4. Delle frasi che *seguono* sono delle frasi _____ .

5. Una cosa che *importa* è una cosa _____ .

6. Un prodotto che *fertilizza* è un _____ .

7. Le parole che *precedono* sono delle parole _____ .

8. Dei ragazzi che *obbediscono* sono dei ragazzi _____ .

II. Verb Exercises

A. Imperfect tense of *fare* and *bere*.

Complete the sentences.

Che cosa facevi?

Io non _____ niente.

Che cosa _____ voi?

Noi _____ niente.

I ragazzi _____ chiasso.

Io bevevo molto latte quando ero piccolo.

Che cosa _____ tu, quando _____ piccola?

Che cosa _____, quando eravate _____ ?

Che cosa _____ Maria, quando era _____?

Che cosa _____ i ragazzi?

III. Structures: Form sentences using the words in the order given, making any necessary changes. Refer to the story for the correct structures.

1. Qui/parlare/italiano.
2. Milione/italiano/vivere/quel/città.
3. Tu/andare/comprare/quel/negozio.
4. Al principio/nessuno/venire/comprare.
5. Negoziante/lamentarsi/amico.
6. Amico/dare/consiglio/negoziante.
7. Due/amico/cambiare/parola/insegna.
8. Da/questo/settimana/poi/vende/buon/mercato.
9. Molto/persona/fare/fila/entrare/negozio.
10. Negoziante/essere/molto/felice.

8. Il concerto

I. Vocabulary Exercises

A. Word Group: Find words from the same family in the story, and tell what both mean.

1. il padrone
2. il pianista
3. il musicista
4. la sofferenza
5. esportare
6. la libertà
7. la ricchezza
8. la scusa
9. seguire
10. telefono

B. Synonyms

1. spedire
2. il paniere
3. fuggire
4. rapidamente
5. splendente

C. Antonyms

1. peggio
2. occupato
3. precedente
4. una donna
5. godere

D. Cognates: There are at least thirty cognates in this story. How many can you find? Make a list.

E. Complete the sentences with one of the words listed.

arancia   scappo   luminose   ciliegie   meglio   paniere
compositore   concerto   migliore   guida   battere

1. Gli atleti cercano sempre di_____il record.
2. Vado ad un_____per sentire della buona musica.
3. Non trovo il tuo numero nella_____telefonica.
4. Se la mia casa è in fiamme _____.

77

5. Scarlatti era un _____.
6. Le banane e le _____ sono buone.
7. Io parlo l'inglese _____ dell'italiano.
8. A digiuno mi piace bere succo d'_____ .
9. Le stelle cadenti lasciano nell'aria strisce _____ .
10. Il _____ serve a metterci dentro la roba.
11. Questa risposta è _____ dell'altra.

II. Verb Exercises: Imperfect tense of *dire* and imperfect progressive.

A. Complete the sentences.

Il maestro diceva la verità

Il maestro ed il padre

Io

Che cosa _____ tu?

Che cosa _____ voi?

B. Complete the sentences.

Il giovane stava suonando.

Il giovane ed io _____ suonando.

I signori _____ arrivando.

Che cosa _____ facendo tu?

Che cosa _____ voi?

C. Complete the sentences in the imperfect tense of the verbs in parentheses.

1. Federico andava a scuola, ma non _____ mai attento. (stare)
2. Mentre il professore _____ la lezione, gli alunni _____ ad altro. (spiegare, pensare)
3. La madre di Giulio non _____ che l'uccello non _____ un pollo. (sapere, essere)
4. Mentre io _____ dal barbiere, mia madre ha cucinato il pollo. (essere)
5. Quando l'americana è arrivata, gl'indiani _____ in capanne. (vivere)
6. Gli europei _____ ancora selvaggi, quando gl'indiani sudamericani _____ una grande civilizzazione. (essere, avere)

7. Sei andato via, non_____ aspettare un minuto? (potere)

8. Ieri _____ quando sono uscita. (piovere)

9. Avete ordinato una pizza perché_____ fame. (avere)

10. Piacere di fare la Sua conoscenza. È da tanto tempo che_____ conoscerla. (volere)

III. Writing Stimulus

Write a paragraph of five sentences. State what you will do next summer. Following is a list of verbs that will help you in your description:

Model: Quest'estate non farò un viaggio. Un mio amico verrà a casa mia, insieme giocheremo a tennis. . .

restare a casa	fare un viaggio
cercare un lavoro	andare in vacanza
ritornare a Sorrento	avere molto da fare
studiare	essere occupato
riposarsi	visitare un paese nuovo

9. Il compito

I. Vocabulary Exercises

A. **Word Building:** You know that *trimestre* means three months. What do these words mean?

1. triangolo
2. triennale
3. triciclo
4. tricolore
5. trifoglio

B. **Synonyms**

1. sbaglio
2. tre mesi
3. grande quantità
4. il giorno dopo
5. ironia

C. **Antonyms:**

1. il primo
2. accendere
3. ingiusta
4. l'impossibilità
5. odiare

D. Complete the sentences with one of the words listed.

abilità	Tricolore	sportivi	aiuta	sport
liceo	spento	dare	difficili	trifoglio	errare

1. Il signor Giovanni ha_____ la televisione.
2. Questo è l'ultimo esame che Tina deve_____ .
3. La signora non ha fiducia nell'_____ del marito.
4. Dopo il ginnasio si va al_____ .
5. Gli studi liceali sono_____ .
6. Il calcio è uno_____molto popolare.

7. I giornali italiani dedicano molte pagine agli eventi _____ .
8. L'emblema dell'Irlanda è il _____ .
9. _____ è umano.
10. Aiutati che Dio t'_____ .
11. La bandiera italiana è chiamata il_____ .

II. Verb Exercises

A. Imperative of irregular verbs. Second and third-person singular (*tu* and *Lei* forms).

Follow the model:

	Present	Imperative
spegnere	io spengo, tu spegni	spegni! spenga!
venire	_____	_____
uscire	_____	_____
rimanere	_____	_____
tenere	_____	_____
togliere	_____	_____
bere	_____	_____

B. Change the verbs from the imperfect to the present

1. andava
2. erano
3. avevi
4. uscivo
5. venivate
6. davamo
7. eri
8. facevo
9. bevevate
10. andavano

C. Complete the chart. Review irregular verbs.

	dire	fare	bere
present	_____	fa	_____
present progressive	_____	_____	stai bevendo
present perfect	ho detto	_____	_____
imperfect	_____	facevamo	_____
imperfect progressive	_____	_____	stavano bevendo
future	direte	_____	_____

III. Writing Stimulus

Write a paragraph of five sentences. State what you did last summer. Following is a list of verbs that can help you.

Model: Mi piace nuotare, così sono andato alla spiaggia.

divertirsi	lamentarsi
viaggiare da solo	avere poco da fare
visitare un museo	leggere un libro
scrivere una lettera	andare alla spiaggia
conoscere qualcuno	farsi il bagno

10. Amico o nemico

I. Vocabulary Exercises

A. Word Groups: Find words from the same family in the story and tell what both mean.

1. il respiro
2. abbassare
3. curarsi
4. la sporcizia
5. alzare
6. il pianto
7. terrore
8. la protezione
9. la pace
10. la difesa

B. Synonyms

1. occuparsi di qualcuno
2. maltrattare
3. un avvenimento straordinario
4. l'animale disgraziato
5. con difficoltà

C. Antonyms

1. minore
2. con
3. possibilmente
4. allontanarsi
5. pulire

D. Complete the sentences with a word or a phrase from the story.

1. Si dice che _____ è il re degli animali.
2. La carne dell' _____ è molto gustosa.
3. Non bisogna sporcare _____ .
4. Una persona che non ha genitori è un_____ .
5. Il lupo sta per _____ l'agnello.
6. Sono punito quando dico_____ .
7. L'agnello _____ in un miracolo.
8. Il tono della voce del leone è _____ .

9. L'agnello non _____ di rispetto al leone.

10. Il _____ vende la carne.

E. Mestieri E Professioni

Match the words in column A with those in column B and write a sentence that describes the relationship between the words. From the list of the verbs choose the one that will help you in your description.

A	B
1. il dottore	a) alla sala per concerti.
2. il farmacista	b) la cena.
3. il maestro	c) gli apparecchi elettrici.
4. il pianista	d) il traffico.
5. l'elettricista	e) gli ammalati.
6. la cuoca	f) le cause.
7. la guardia	g) l'aspirina.
8. l'avvocato	h) nelle scuole.

vende   insegna   ripara   direge

cura   va   difende   prepara

II. Verb Exercises

In Italian *stare per* is used to indicate that an action is about to begin. Change the verbs in these sentences accordingly.

Model: la pazienza finisce   la pazienza sta per finire

1. Il pianista suona il *Valzer di un minuto*.

2. Noi guardiamo la televisione.

3. Tu mangi.

4. Voi giocate a tennis.

5. Io vado a scuola.

6. Voi uscite dal ristorante.

7. I miei amici vengono a casa mia.

8. L'agnello beve l'acqua del ruscello.

9. Il leone si getta sul lupo.

10. Io rimango solo.

84

III. **Structures:** Form sentences using the words in the order given.

1. Lupo/dire/che/agnello/sporcare/acqua.
2. Tu/avere/meno/due/anno.
3. Non/mi/piacere/maltrattare/animale.
4. Agnello/essere/animale/docile.
5. Agnello/non/stare/bere/anno/scorso. (imperfect)
6. Non/essere/ancora/nascere. (imperfect)
7. Leone/trovare/scusa/mangiare/agnello.
8. Agnello/finire/male.

11. Gl'innocenti

I. Vocabulary Exercises

A. Word Groups: Find words from the same family and tell what both mean.

1. la vecchiaia
2. la gioventù
3. il giro
4. la sveglia
5. la colpa

6. la fuga
7. confondere
8. l'innocenza
9. proteggere
10. tentare

B. Synonyms

1. i soldi
2. agitato
3. non onesta
4. avere successo
5. avere colpa

C. Antonyms

1. giovane
2. stare fermi
3. destra
4. dietro a
5. il giudice

D. Complete these definitions with one of the following words.

giudice   imputato   tribunale   onesto

difendere   rubare   innocente   guardia

commissariato   colpa

1. Un uomo _____ è un galantuomo.
2. La_____ è un'infrazione alla legge.
3. Il _____ è l'ufficio del commissario.
4. _____ significa impadronirsi della roba degli altri.
5. La _____ vigila l'ordine pubblico.

6. L'_____ è chi è chiamato in giudizio.

7. Chi è senza colpa è _____ .

8. _____ significa dare il proprio appoggio e difesa.

9. Il _____ è dove si amministra la giustizia.

10. Un _____ ha la capacità e l'autorità di giudicare.

E. Vocabulary Building:
You know that the verb "prendere" means to take. What do the following phrases mean?

1. prendere in giro.

2. andare a prendere qualcuno.

3. prendere in antipatia.

4. prendere il raffreddore.

5. prendere alla settimana.

6. prendersi la responsabilità.

7. prendersi la colpa.

8. "prendere o lasciare!"

9. prendere a destra.

10. prendere freddo.

II. Verb Exercises.

A. Change the verbs to the infinitive.

1. rotto	7. corso
2. stato	8. protetto
3. deciso	9. discusso
4. confondere	10. commesso
5. preso	11. chiesto
6. difeso	12. detto

B. Review: Present perfect of reflexive verbs. Fill in the present perfect of the verbs in parentheses.

1. I due giovani _____ davanti alla vetrina. (fermarsi)

2. Il giudice non _____.(sbagliarsi)

3. La signora _____. (difendersi)

4. Mio padre ed io _____. (svegliarsi)

5. Ragazzi, dove_____voi? (incontrarsi)

6. Maria e Giulia_____ al professore. (presentarsi)

III. **Structures:** Form sentences using the words in the order given. Refer to the story for the correct tenses of the verbs.

1. Accusato/spiegare/giudice/cosa/succedere.
2. Accusato/vedere/radio/vetrina.
3. Uomo/essere/confuso/e/prendere/direzione/opposto.
4. Giovane/consegnare/radio/poliziotto.
5. Poliziotto/portare/ladro/tribunale.
6. Due/amico/seguire/signora.
7. Signora/difendersi/due/giovane.
8. Tutti/venire/commissariato.
9. Giudice/ascoltare/storia/due/accusato.
10. Chi/dire/verità?

12. Altri innocenti

I. Vocabulary Exercises

A. Word Groups: Find words from the same family in the story.

    1. innocenza
    2. carcerato
    3. onore
    4. patriottico
    5. libertà

B. Synonyms

    1. senza colpa
    2. imputato
    3. di fiducia
    4. ignoto
    5. più basso

C. Antonyms

    1. assolvere
    2. compratore
    3. apparso
    4. superiore
    5. schiavitù

D. Complete the sentences with one of the words listed.

    1. Ecco il danaro, vogliamo_____alla signora.
    2. Eravate soli e la signora ha cominciato a_____ .
    3. Sei colpevole e devo_____in tribunale.
    4. Tutti dormivano e non volevamo_____.
    5. Abbiamo trovato una radio e volevamo_____al commissariato.
    6. Non abbiamo fatto niente di male, non potete _____ .
    7. Ho chiesto alla guardia di_____.
    8. Non capisco, puoi_____il significato di questa parola?

restituirlo	spiegarmi	accusarci	colpirvi
portarti	portarla	svegliarli	proteggermi

II. Verb Exercises

A. Change the verbs from the future to the imperfect.

1. potrai	8. dirai
2. vorremo	9. sarò
3. saprò	10. farete
4. avrò	11. saranno
5. terranno	12. cercherai
6. verrà	13. rinuncerò
7. berrete	14. lascerò

B. The following sentences refer to the events of the last two stories. Each sentence describes two actions one following or preceding the other. From the meaning of the sentences, complete with the required tense of the verbs in parentheses.

1. Mentre passeggiava, un giovane_____una vetrina rotta. (vedere)

2. Nella vetrina il giovane ha notato una radio, e non_____ a chi appartenesse. (sapere)

3. _____ la radio perché voleva portarla al commissariato. (prendere)

4. Mentre_____al commissariato, il poliziotto l'ha fermato. (andare)

5. Il poliziotto gli _____che cosa stava facendo. (chiedere)

6. Il giovane gli ha risposto che_____una guardia. (stare cercando)

7. Una signora camminava davanti ai due giovani, quando tutto d'un tratto_____. (girarsi)

8. _____a colpirli con la borsa perché aveva paura. (mettersi)

III. Structures:

Form sentences using the words in the order given. Refer to the past stories for the correct structures.

1. Io/volere/spiegare/cosa/accadere/ieri.
2. Ieri/sera/io/proteggere/vecchio/signora.

3. Signora/correre/dietro/giovane.
4. Avvocato/difendere/accusato.
5. Giudice/prendere/decisione.
6. Stasera/tu/andare/tirbunale/vedere/imputato.
7. Ieri/noi/avere/paura/trovare/ladro/casa.
8. Tutto/accusato/alzarsi/in piedi/quando/giudice/entrare.
9. Dopodomani/due/giovani/essere/libero.
10. Di solito/non/mi/piacere/camminare/notte.

13. Un incontro inaspettato

I. **Vocabulary Exercises**

    A. Word Groups: Find words from the same family in the story and tell what both mean.

        1. la fama

        2. la metropoli

        3. estate

        4. richiedere

        5. la disperazione

  B. Synonyms

        1. arrabbiato

        2. meraviglia

        3. al posto di

        4. amici di scuola

        5. molta gente

  C. Antonyms

        1. migliore

        2. nuovo

        3. calmo

        4. tutti

        5. dimenticare

  D. Vocabulary Building: In the story you have seen that *fare disperare il professore* means "to drive the teacher mad."

  Match the expressions in column A with those in column B.

A	B
1. fare aspettare	a) to make someone cry.
2. far chiamare	b) to let someone know
3. fare entrare	c) to keep someone waiting
4. far notare	d) to show
5. far parlare	e) to send for
6. far piangere	f) to point out

| 7. far vedere | g) to let someone in |
| 8. far sapere | h) to let someone speak |

II. Verb Exercises

A. Present, future and present perfect of *andarsene*.

Complete the sentences.

Il ragazzo se ne va.

Io _____.

Noi _____.

I ragazzi _____.

Voi _____.

Io me ne andrò.

Il mio amico ed io _____.

Tu _____.

Tu e tuo fratello _____.

Lei _____.

Professore, Lei se n'è andato.

Signora, Lei _____.

I ragazzi _____.

Le ragazze _____.

Io _____.

B. Regular *-are, -ere* and *-ire* past absolute.

Complete the sentences.

Il professore domandò al ragazzo.

Io _____.

Tu _____ maestra.

Voi _____.

I maestri _____ studenti.

Io credei alle sue parole.

Noi _____.

Il giudice non _____ al racconto _____ imputati.

Voi non _____.

Tu non_____.

I due giovani restituirono il danaro alla signora.

Io_____.

Tu non_____niente.

Voi_____niente.

Il poliziotto_____la radio _____proprietario.

III. **Structures:** Using the words in the order given, write a letter to a friend of yours. Refer to the story for the correct structures. Begin the letter with *Caro* . . . or *Cara* . . .

Come/tu/sapere/io/essere/Italia.

Io/venire/passare/vacanza/casa/zio.

Due/giorno/fa/incontrare/nostro/professore/italiano.

Mi/riconoscere/subito/e/mi/domandare/tu.

Tu/io/essere/migliore/alunno/suo/classe. (imperfect)

Non/lo/fare/disperare. (imperfect)

Signor/Jones/volere/sapere/dove/essere/E.U.R. (imperfect)

Mi/fare/piacere/vedere/lui.

Tu/io/rivedersi/New York/quando/io/ritornare.

Insieme/andare/salutare/professore.

A presto . . .

14. I contadini ed il formaggio

I. Vocabulary Exercises

A. Word Groups: Find words from the same family in the story and tell what both mean.

1. la soddisfazione
2. il litigio
3. la fame
4. la rabbia
5. il carrettiere

B. Synonyms

1. modo di ragionare
2. fare da
3. piccolo pezzo
4. argomento
5. fare vedere

C. Antonyms

1. unire
2. salire
3. abbondanza
4. fermarsi
5. aumentare

D. Complete each sentence with a word from the story.

1. È difficile_____qualche cosa in due parti perfettamente uguali.
2. I due amici_____per un pezzo di formaggio.
3. Ad Antonio non piace il_____di Tommaso.
4. C'è una_____li vicino.
5. Il_____deve fungere da giudice.
6. I contadini litigano ed il formaggio_____sempre di più.
7. Non ne_____nemmeno un pezzettino.
8. I contadini_____dalla sacrestia.

9. Hanno_____e sono molto arrabbiati.

10. Ritornano a casa_____niente.

II. Verb Exercises

A. Change the verbs from the present tense to the past absolute.

1. andate	6. prosegue
2. mangi	7. usciamo
3. cominciamo	8. vendo
4. partite	9. tagli
5. entro	10. ritornano

B. Irregular past absolute of *vedere, scendere, rimanere* and *prendere*.

Follow the model:

vedere

io vidi

tu vedesti

egli vide

noi vedemmo

voi vedeste

essi videro

scendere

io scesi

tu _____

egli_____

noi_____

voi_____

essi_____

rimanere

io _____

tu _____

egli rimase

noi_____

voi_____

essi_____

prendere

io _____

tu _____

egli_____

noi_____

voi _____

essi presero

III. Writing Stimulus

On page 41 you chose a completion (a, b, c, or d) for the fourth and fifth sentences. Write several sentences supporting each choice.

15. Punto di vista

I. Vocabulary Exercises (Review 1-15)

A. Complete these sentences with one of the words from the list below.

1. Chi non arriva in tempo, arriva in_____.
2. Chi non va a destra, va a_____ .
3. Chi non ha ragione, ha_____.
4. Chi non passa agli esami, è_____.
5. Chi ama la patria, è_____.
6. Chi non crede nel potere del popolo non è_____ .
7. Chi ha sentimenti religiosi è_____.
8. Chi non è soddisfatto, è_____.
9. Chi non ama lavorare è_____.
10. Chi non ha immaginazione non è_____.
11. Chi non dice la verità è_____.

torto	democratico	creativo	ritardo	bocciato
malcontento	sinistra	pigro	bugiardo	credente
		patriottico		

B. Antonyms: Match the words in column A with those in column B.

A	B
1. governo democratico	a) amica
2. animale domestico	b) sconosciuta
3. una sala privata	c) chiara
4. musica classica	d) aristocratico
5. una persona familiare	e) selvatico
6. un posto libero	f) pubblica
7. una frase ambigua	g) codardo
8. un compositore famoso	h) occupato
9. una nazione ostile	i) leggera
10. un uomo coraggioso	j) ignoto

II. Verb Exercises

A. Complete the second part of these sentences. Use the italicized verbs.

98

Choose the tense of the verb according to the meaning.

Model: Mi piace *scrivere*. Qualche volta __scrivo__ una poesia.

1. A Giovanni piace *giocare* al a calcio. Ieri_____bene.
2. Ci piace *guardare* la televisione. Di solito la_____di sera.
3. Ai miei genitori piace *andare* a teatro. Ieri sera_____a sentire una commedia.
4. Non mi piace *ritornare* a casa troppo tardi. Ieri_____prima di cena.
5. Ti piace *suonare* la chitarra. Domani la_____per noi.
6. Mi piace *alzarmi* presto. Stamattina_____alle sette.
7. Vi piace *viaggiare*. L'estate prossima_____in aereo.
8. A voi non piace *bere* la birra. Di solito la_____malvolentieri.

B. Complete the chart. Review regular verbs.

	entrare	vendere	partire	finire
present	_____	vende	_____	_____
present progressive	_____	_____	_____	stai finendo
present perfect	sono entrato	_____	_____	_____
imperfect	_____	_____	partivamo	_____
imperf. progressive	_____	stavate vendendo	_____	_____
future	_____	_____	_____	finiranno
past absolute	_____	_____	partì	_____

16. Il cane che non sa nuotare

I.   Vocabulary Exercises.

A.   Synonyms: Find words of similar meaning in the story and tell what both mean.

1. sorpresa
2. gettarsi
3. imperfezione
4. un'altra volta
5. cogliere

B.   Antonyms: Find words of opposite meaning in the story and tell what both mean.

1. credibile
2. tutto
3. certezza
4. alba
5. critica

C.   Word Sets: Find the word that does not belong and tell why it does not.

1. padrone, possidente, possibile, proprietario.
2. far sapere, mirare, andare a caccia, sparare.
3. labbro, lago, bocca, occhi.
4. largo, ruscello, oceano, mare.
5. regalo, auguri, orgoglio, compleanno.
6. volare, aria, uccello, meritare.
7. apre la bocca, fa sapere, dice, riesce.

D.   Complete the sentences with one of the words listed.

auguri   in attesa   elogi   faceva   di nuovo
tramonto   l'ora   Piemonte

1. Questo dottore merita molti_____per la sua abnegazione.
2. Non vedo_____di raccontare a tutti cosa mi è successo.

3. Faccio i miei_____al mio amico perche è il suo compleanno.

4. Se non riesco a capire il racconto, lo leggo_____.

5. Farò il mio compito_____della tua telefonata.

6. Al_____i colori del cielo sono bellissimi.

7. Torino è il capoluogo del_____.

8. _____freddo quando sono uscito.

II. Verb Exercises

A. Irregular past absolute of *avere, dire, venire,* and *scrivere.*

avere
- io ebbi
- tu _____
- egli_____
- noi_____
- voi _____
- essi_____

dire
- io_____
- tu_____
- egli disse
- noi_____
- voi_____
- essi_____

venire
- io_____
- tu_____
- egli _____
- noi_____
- voi_____
- essi vennero

scrivere
- io scrissi
- tu_____
- egli_____
- noi_____
- voi_____
- essi_____

101

B. Rewrite the following paragraph changing the underlined verbs to the correct form of the present perfect or imperfect, depending upon which is required.

Il signor Ferri <u>riceve</u> un cane in regalo perché tutti <u>sanno</u> che gli <u>piace</u> andare a caccia. Il cane <u>è</u> un buon cane da caccia. Una mattina <u>escono</u> di buon'ora e quando <u>arrivano</u> al lago, il signor Ferri <u>comincia</u> a bere perché <u>fa</u> molto freddo. Il cane <u>si lancia</u> in acqua quando il signor Ferri <u>colpisce</u> un uccello. Ma invece di nuotare, il cane <u>cammina</u> sull'acqua.

III. Writing Stimulus

Complete these sentences so that they express your thoughts.

1. Non vedo l'ora di_____ .
2. Sono riuscito a _____ .
3. Per il mio compleanno_____ .
4. Un mio difetto è_____ .
5. Una mia virtù è_____ .
6. Mi piace_____ .
7. Non mi piace_____ .
8. Ogni tanto io_____ .
9. Io so_____ , ma non so_____ .

17. Psicologia dei giovani

I. Vocabulary Exercises

A. Synonyms: Find words of similar meaning in the story.

1. aiutare		6. contestare	
2. otto giorni fa		7. in modo eccessivo	
3. impensierirsi		8. le sue cose	
4. farsi male		9. novella	
5. su		10. avviso	

B. Antonyms: Find words of opposite meaning in the story and tell what both mean.

1. la menzogna	5. lodare
2. l'amarezza	6. per aria
3. accettare	7. dimenticare
4. disubbidire	8. niente

C. Word Sets: Find the word that does not belong and tell why.

1. fama, famoso, conosciuto, affamato.
2. autista, autore, romanzo, dramma.
3. sordo, muto, minuto, cieco.
4. dito, mancia, braccio, collo.
5. inciampare, sangue, aria, pietra.
6. calze, calzini, calzerotti, calzolaio.
7. accidente, tappeto, dolore, dottore.
8. non si preoccupi, si calmi, non abbia paura, venga con me.
9. vestirsi, scarpe, capelli, camicia.
10. sapendo, ricordando, dimenticando, criticando.

D. Complete the sentences with one of the words listed.

ganci	sordomuti	comportamento	difficile
inciampato	tappeto	calzini	

1. Il_____ dei giovani cambia ogni generazione.
2. Spesso è_____ obbedire i genitori.
3. Un _____ persiano è di gran valore.
4. Non so dove ho messo i _____ , non li trovo.
5. I_____ servono a tante cose.
6. Si è fatto male ad un piede perché è _____ su una pietra.
7. I _____ non possono nè sentire nè parlare.

II. **Verb Exercises:** Irregular past absolute of *essere, fare,* and *dare.*

Complete the sentences.

Io feci molto per aiutarlo.
Egli _____.
Essi_____ .
Noi facemmo il compito.
Voi_____ .

Io fui il primo.
Lei_____.
Noi_____.
Tu fosti cortese.
Voi_____ .

Io diedi del danaro ad Enrico.
Essi_____ .
Tu non desti niente_____ .
Voi_____ .
Egli_____ .

III. **Structures.** Form sentences in the order given.

1. Oggi/tutto/costare/molto.
2. Su/tappeto/ci/essere/molto/libro.
3. Otto/giorno/fa/io/leggere/commedia/interessante.
4. Io/non/dimenticare/mai/consiglio/mio/genitore. (future)
5. Ragazzi:/Fare/attenzione!/Voi/potere/rompere/testa.
6. Se/noi/dovere/prendere/libro,/perché/tu/non/lo/dire/a noi?
7. Lo/psicologo/essere/molto/famoso. (imperfect)

8. Io/essere/ soddisfatto /perché/finire/fare/compito.

9. Non/si/potere/imparare/lingua/senza/studiare.

10. Giovanna/alzarsi!/Essere/tardi.

IV. **Writing Stimulus:** Answer these questions so that your responses form a coherent composition.

1. Perché la madre di Antonio è andata dallo psicologo?

2. Che cosa ha fatto il dottore?

3. Che cosa succede quando il figlio ritorna a casa?

4. La madre riesce a non perdere la pazienza?

5. Perché?

6. La madre ritornerà dallo psicologo?

18. L'insegna

I. **Review of vocabulary:** Mestieri e professioni.

Describe what these people do.

Model: La cuoca prepara il minestrone.

1. il cacciatore	9. il giornalista
2. l'artista	10. il doganiere
3. il calzolaio	11. il soldato
4. il macellaio	12. il panettiere
5. il sarto	13. lo psicologo
6. il pescatore	14. l'astronauta
7. il barbiere	15. il pianista
8. il fruttivendolo	16. il negoziante

II. Verb Exercises

A. Change the verbs in parentheses to the correct form of the present tense.

1. Si_____ molte cose. (dire)
2. In questo negozio si _____ frutta fresca. (vendere)
3. Qui si _____ italiano. (parlare)
4. In Italia si _____ i giornali dal giornalaio. (comprare)
5. In quante regioni si_____ l'Italia? (dividere)
6. A scuola si _____molte materie. (studiare)
7. Si_____ il notiziario alla radio. (sentire)
8. In una sartoria si_____ vestiti su misura. (fare)
9. A Venezia si _____ molte gondole. (vedere)
10. In Italia si_____ del buon vino. (bere)

B. Change these verbs from the past absolute to the infinitive.

1. presi	6. vidi	11. piacqui	16. difesi
2. risposi	7. scesi	12. accesi	17. chiusi
3. diedi	8. rimasi	13. bevvi	18. nacqui
4. feci	9. fui	14. caddi	19. spensi
5. dissi	10. ebbi	15. chiesi	20. venni

C. Change these verbs from the present perfect to the past absolute.

1. sono andato
2. abbiamo risposto
3. avete dato
4. sei caduto
5. è stato
6. ho cominciato
7. sono rimasti
8. ho mangiato
9. hai chiesto
10. abbiamo capito
11. ha creduto
12. sono venuti
13. è partito
14. siete nati
15. ha cominciato
16. ho risposto
17. abbiamo avuto
18. avete visto
19. sono ritornati
20. ho finito

Master Italian-English Vocabulary

MASTER ITALIAN – ENGLISH VOCABULARY

A

a, ad at, to
abbastanza enough
abbigliamento clothes
abilità ability
abitante *(m.)* inhabitant
abitare to live, dwell
abito suit of clothes
abitudine *(f.)* habit, custom
accadere to happen
accendere to light
accettare to accept
accidente *(m.)* accident
accompagnare to accompany
accordo agreement
    andare d'accordo con to get on well with s.o.
accuratezza care
accusato accused, defendant
acqua water
acquisto purchase
addormentarsi to fall asleep
adesso now
aereo airplane
    portaerei *(f.)* aircraft-carrier
aereoporto airport
affamato hungry
affare *(m.)* affair, matter
    affari business
    buon affare bargain
affatto quite
    nonaffatto not at all
affermare to affirm, declare
affermazione *(f.)* assertion
affittare to rent
agente *(m.)* agent
agenzia agency
aggiustare to mend, fix
agitato worried, upset
agnello lamb
aiutare to help
aiuto help
alba dawn
albergo hotel
alcuno some

alimento food
allegro cheerful
allontanarsi to go away
allora then
almeno at least
alto high, tall
    ad alta voce aloud
altopiano plateau, tableland
altrimenti otherwise
altro other
alunno pupil
alzare to lift
alzarsi to rise, to get up
amare to love
amarezza bitterness
amaro bitter
ambiguo ambiguous
americano American
amicizia friendship
amico friend
ammalato sick
ammazzare to kill
ammirare to admire
amore *(m.)* love
anche also
ancora still, yet
andare to go
    andare a prendere to fetch
andarsene to go away
androne *(m.)* hall
angolo corner
animale *(m.)* animal
anno year
    un anno fa a year ago
anticamera entrance, hall
antico ancient
antipatìa dislike
    prendere in antipatìa to come to dislike
antipatico disagreeable
apparecchio apparatus
apparire to appear
appartenere to belong
appena as soon as, just
appendere to hang
applaudire to applaud
appoggio support

111

aprire   to open
arabo   Arab
arancio   orange
argomento   subject, topic
aria   air
aristocratico   aristocratic
arrabbiato   angry
arretrato   backward
arrivare   to arrive
arrosto   roast
articolo   article
artista *(m.,f.)*   artist
asciugare   to dry
ascoltare   to listen
aspettare   to wait
assalire   to assail
assassino   murderer
assenza   absence
assistere   to assist, help
assolutamente   absolutely
assolvere   to absolve, acquit
astronauta *(m.)*   astronaut
atleta *(m.,f.)*   athlete
attaccare   to attach
attendere   to wait
attento   attentive, careful
attenzione *(f.)*   attention
attesa   wait
   in attesa   waiting
attirare   to attract, draw
attrarre   to attract, draw
attraversare   to cross
attraverso   through
augurare   to wish
augurarsi   to hope
augurio   wish
   tanti auguri   best wishes
aumentare   to increase
autista *(m.)*   driver
autobus *(m.)*   bus
automobile *(f.)*   car
autore *(m.)*   author
autorità   authority
avaro   stingy
avere   to have
   avere voglia   to feel like
avvenimento   event
avvicinarsi   to approach, draw near
avviso   advise
avvocato   lawyer

B

bagaglio   luggage
   fare i bagagli   to pack
   portabagagli *(m.)*   luggage-rack
bagno   bath
   fare il bagno   to go swimming
   stanza da bagno   bathroom
bambino   baby, child
bandiera   flag
barbiere *(m.)*   barber
basso   low
bassopiano   lowland
bastare   to be enough
battere   to beat, clap
bello   beautiful, fine
bene   well
   va bene   all right
benedire   to bless
beneducato   well-bred
benissimo   very well
bere   to drink
bisognare   to be necessary
bisogno   need
   aver bisogno di   to need
bocca   mouth
bocciato   failed
bomba   bomb
borsa   bag, handbag
braccio   arm
Brasile   Brazil
bravo   good
breve   brief
briciolo   tiny bit
bruciare   to burn
bugia   lie
bugiardo   liar, false
buio   dark
buono   good
buttare   to throw

C

caccia   hunt
   andare a caccia   to go hunting
cacciagione *(f.)*   game
cacciare   to shoot, to hunt
cacciatore *(m.)*   the hunter
cadere   to fall
calcio   kick

112

gioco del calcio soccer
caldo warm
calmare to calm
calmo calm
calza sock, stockings
calzerotto woolen sock
calzino sock
calzolaio shoemaker
calzolerìa shoe store
cambiare to change
camera room
    camera da pranzo dining room
cameriere *(m.)* waiter
camicetta blouse
camicia shirt
camminare to walk
campionato championship
campo field
camposanto churchyard; cemetery
candela candle
cane *(m.)* dog
cantare to sing
canzone *(f.)* song
capacità ability
capanna hut
capello hair
capire to understand
capitare to happen, occur
capoluogo main town
carcerato prisoner
carcere *(m.)* jail, prison
carne *(f.)* meat
caro dear, expensive
carretta cart
carrettiere *(m.)* carter
carta paper
    portacarte *(m.)* paper-holder
casa house
cascare to fall
caso case
catena chain
cattedrale *(f.)* cathedral
cattivo bad
causa cause, reason
cautela caution
cauto cautious
cavallo horse
cena supper
cenere *(f.)* ash
    portacenere *(m.)* ashtray

centro center
cercare to look for
    cercare di . . . -to try to . . .
certamente certainly
certificato certificate
certo sure
cesto basket
che *(conj.)* that
che *(pron.)* who, how, that, which
chi he who, him who
    chi? who?, whom?
chiacchierare to chat
chiamare to call
chiaramente clearly
chiaro clear
chiasso racket
chiave *(f.)* key
    portachiavi *(m.)* key-holder
chiedere to ask
chiesa church
chissà goodness knows
chitarra guitar
chitarrista *(m.)* guitarist
chiudere to close
ci *(adv.)* here, there, in it
ci *(pron.)* us, to us, ourselves, to ourselves
cibo food
cieco blind
cielo sky
ciliegia cherry
cimitero cemetery
cinema cinema, movie
cipria powder, face powder
    portacipria *(m.)* powder-case
circa about, around, nearly
città city
cittadina small city
civilizzazione *(f.)* civilization
civiltà civilization
classe *(f.)* class
classico classic
cliente *(m.)* client, customer
clientela customers
clima *(m.)* climate
codardo coward
cogliere to pick, gather
cognome *(m.)* surname, family name
collo neck
colore *(m.)* color
coloro *(pron., m.,f.)* those who, they,

them
colpa   fault, blame
   prendersi la colpa   to take the blame
colpevole   guilty
colpire   to hit
colto   cultured
come   how, just, as
   come mai?   how come?
cominciare   to begin
commedia   play, comedy
commemorare   to commemorate
commerciante   dealer
commettere   to commit, to do, to make
commissariato (di polizia)   police station
commissario   commissioner
   commissario di polizia   inspector
comodamente   comfortably
comodo   comfortable
compagno   companion
compito   homework
compleanno   birthday
completo   complete
complicare   to complicate
comportamento   behavior
comportarsi   to behave
compositore (m.)   composer
composizione (f.)   composition
comprare   to buy
compratore (m.)   buyer
comprendere   to understand
comune   common
   fuori del comune   unusual
comunicazione (f.)   communication
con   with
concentrarsi   to concentrate
concerto   concert
concludere   to conclude
concorrenza   competition
condannare   to condemn, to sentence
condire   to season; dress (a salad)
condizione (f.)   condition
condurre   to lead
confezionare   to manufacture, make
confondere   to confuse
confuso   confused
congelare   to freeze
   cibi congelati   frozen foods
conoscere   to know, meet
consigliare   to advise
consiglio   advice

consistere di   to consist of
contadino   peasant
contenere   to contain
contento   satisfied
contestare   to dispute
continuare   to continue
conto   bill, check
contrada   district
contro   against
controbattere   to refute, rebut
coprire   to cover
coraggio   courage
coraggioso   courageous
corpo   body
correre   to run
correggere   to correct
corridoio   corridor, passage
corsa   race, competition
   di corsa   at a run
corso   course
corteo   procession
cortese   kind
cortesia   kindness, politeness
cosa   thing, matter
così   thus
costare   to cost
costume (m.)   costume
cravatta   tie
creare   to create
creativo   creative
credente (m.)   believer
credere   to believe
criminale   criminal
critica   criticism
criticare   to criticize, blame
cucinare   to cook
cui (pron.)   that, whom
cuoco   cook
curare   to take care; (med.) to cure
curiosità   curiosity
curioso   curious

D

da   from, by, to, for
danneggiare   to damage
danno   damage
dappertutto   everywhere
dapprima   at first
dare   to give

114

dato che since
davanti a before, in front of
decidere to decide
decisione *(f.)* decision
dedicare to dedicate, to devote
defunto dead
delitto crime
democratico democratic
democrazia democracy
denaro money
dente *(m.)* tooth
dentista *(m.,f.)* dentist
dentro inside
desiderare to wish
destro right
   prendere a destra to turn to the right
di of
dichiarare to declare
dietro a behind
difendere to defend
difesa defence
difetto fault, imperfection
difficile difficult
difficilmente with difficulty, hardly
difficoltà difficulty
digiuno fast, before breakfast
dimenticare to forget
diminuire to reduce
dimostrare to show
dipingere to paint
dire to say, tell
direzione *(f.)* direction
dirigere to direct
disaccordo disagreement
discutere to discuss
disgraziato unfortunate, unlucky
disonesto dishonest
disperare to despair
dispiacere to offend, to be sorry
disputa dispute, quarrel
distribuire to distribute
disubbidire to disobey
dito finger
divertente amusing
divertire to amuse
dividere to divide
dogana customs
doganiere *(m.)* customs man
dolce sweet
dolcezza sweetness

dolore *(m.)* pain
domanda question
domandare (a) to ask (of)
domani tomorrow
domattina tomorrow morning
domestico domestic
donna woman
dopo after
   dopo poco soon after
dormire to sleep
dottore *(m.)* doctor
dottrina doctrine
dove where
dovere to have to
dramma *(m.)* play, drama
droga drug, dope
dubbio doubt
due two
durante during

E

e, ed and
ebbene well
ebraico Hebrew
eccellente excellent
eccezionale exceptional
eccitato excited
ecco here is, here are
educato polite
effetto effect, result
   in effetti as a matter of fact
egli he
elemosina alms, charity
elencare to list
elettricista *(m.)* electrician
elettricità electricity
elogio praise
ella she
emblema *(m.)* symbol
emettere to emit, give out
entrare to enter
errare to err, to make a mistake
errore *(m.)* mistake
eruzione *(f.)* eruption
esagerare to exaggerate
esageratamente exaggeratedly
esame *(f.)* exam
esatto exact
eseguire to execute

115

esistere to exist
esploratore *(m.)* explorer
esportatore *(m.)* exporter
essere to be
   essere d'accordo to agree
essere *(noun, m.)* being
   esseri umani human beings
essi they
estate *(f.)* summer
estremo extreme
Europa Europe
europeo European
evento event
evidentemente evidently
evidenza evidence

F

fa ago
faccenda matter
faccia face
facile easy
facilità facility, ease
facilmente easily
falso false
fama fame, renown
fame *(f.)* hunger
famiglia family
familiare familiar
famoso famous
fantasia fantasy, imagination
fantastico fantastic
fare to do, make
   fare una bella figura to make a good
     impression
farmacìa pharmacy
farmacista *(m.,f.)* druggist
fastidio trouble
   dare fastidio to bother
favore *(m.)* favor
fazzoletto handkerchief
fermare to stop
fermo still
   star fermo to stand still
feroce fierce
fertile fruitful
fertilizzare to fertilize
festa feast, holiday

festeggiare to celebrate
festivo festive
fiamma flame
fidare to trust
fidato trustworthy, reliable
fiducia faith
figlia daughter
figlio son
fila row, line
   fare la fila to line up
filosofo philosopher
fine *(f.)* end
finestra window
finestrino small window
fingere to pretend
finire to end
fino until
   fin'ora up till now
   fin quì so far
fiore *(m.)* flower
   portafiori *(m.)* flower holder
folla crowd
fondo bottom
formaggio cheese
forse perhaps
forte strong
fortuna luck
   portafortuna *(m.)* mascot
fortunato fortunate
fra between, within
Francia France
frase *(f.)* sentence
fratello brother
freddo cold
   prendere freddo to get cold
frequentare to frequent
fresco fresh
fretta haste
frutta fruit
fruttivendolo a vegetable and fruit vendor
fucile *(m.)* gun
fuga flight, escape
fuggire to flee
funebre funeral
fungere to act
   fungere da . . . to act as. . . .
fuoco fire
fuori outside
furia fury
furioso furious

116

G

galantuomo honest man
gancio hook
gara competition
generoso generous
genio genius
genitore *(m.)* parent
generazione *(f.)* generation
gente *(f.)* people
gentile kind
Germania Germany
gesso chalk
ginnasio secondary school
giocare to play
giornalaio news-vendor
giornale *(m.)* newspaper
giornalista *(m.,f.)* reporter
giorno day
giovane young
giovane *(m.,f.)* young man, young woman
gioventù youth
girarsi to turn, turn around
giro turn
    prendere in giro to pull someone's leg
giudicare to judge
giudice *(m.)* judge
giudizio judgment, sentence
giustificare to justify
gli *(art. plural of lo)* the
gli *(pron.)* to him
globo globe
godere to enjoy
governo government
grande large, big
grazie thanks
greco Greek
gridare to shout
grido cry
grosso bulky, large
gruppo group
guardare to look, to look at
guardia policeman
guerra war
guida *(f.)* guide
    guida telefonica telephone directory
    patente di guida driver's license
guidare to drive
gusto taste
gustoso tasty

I

i *(art. plural of il)* the
idea idea
idealista *(m.,f.)* idealist
ieri yesterday
ignorante ignorant
ignoranza ignorance
ignoto unknown
il the
illustrare to illustrate, to explain
imbrogliare to swindle
immaginativo imaginative
immaginazione *(f.)* imagination
impadronirsi to take possession
imparare to learn
impensierirsi to get anxious
imperfezione *(f.)* imperfection
implorare to beg
importare to import, to matter
    non importa it doesn't matter
impossibile impossible
impossibilità impossibility
impresa undertaking, enterprise
improvvisamente suddenly
imputato defendant
in in, into
inabilità inability
inatteso unexpected
incapace unable
incendio fire
inciampare to trip
incidente *(m.)* accident
incolpare to charge, to accuse
incontrare to meet
incredibile unbelievable
incredulità disbelief, incredulity
indiano Indian
indicare to point at
indietro behind
indifferenza indifference
indignato angry, indignant
indomani the following day
indossati worn
infatti in fact
inferiore inferior, lower
infine at last
infrazione *(f.)* breach
infuriato enraged
ingannare to cheat

117

Inghilterra   England
ingiusto   unfair
inglese   English
inizio   beginning
innocente   innocent
innocenza   innocence
insalata   salad
insegna   sign board
insegnamento   teaching
insegnante (m.,f.)   teacher
insegnare   to teach
insistere   to insist
intanto   meanwhile
intelligente   intelligent
intelligenza   intelligence
intenditore   good judge
   a buon intenditore. . . .   a word to the
      wise is sufficient
intento   aim
intenzione (f.)   intention
interessante   interesting
interessarsi   to be interested
intero   entire, whole
interrogare   to question
interrogativo   interrogative
interrompere   to interrupt
intuitivo   intuitive
invadere   to invade
invece   instead
inventare   to invent
invenzione (f.)   invention, fabrication
invitare   to invite
invito   invitation
io   I
Irlanda   Ireland
ironia   irony
irritare   to irritate, annoy
isola   island
ispezionare   to inspect
Israele   Israel
istruire   to instruct
istruttore   instructor
istruzione (f.)   education
Italia   Italy
italiano   Italian
italo americano   Italo American

   L

la (art.)   the
la (pron.)   her, it

La (pron.)   you
labbro [pl. labbra (f.)] , lip
lacrima   tear
ladro   thief
lago   lake
lamentarsi   to complain
lamento   lament, complaint
lanciare   to throw, fling
largo   large, wide
lasciare   to leave
lassù   up there
latino   latin
latte (m.)   milk
laurearsi   to graduate
lavagna   blackboard
lavorare   to work
lavoro   job
le (art. plural of la)   the
le (pron.)   to her (it), them
Le (pron.)   to you
legge (f.)   law
leggero   light
legno   wood
legume (m.)   legume; vegetable
Lei   you
lentamente   slowly
lento   slow
leone (m.)   lion
lettera   letter
   portalettere (m.)   postman
lezione (f.)   lesson
li (pron.)   them
lì (adv.)   there
libero   free
libertà   freedom
libro   book
liceo   high school
lingua   tongue, language
litigare   to quarrel, argue
litigio   quarrel, row
lo (art.)   the
lo (pron.)   him, it
locale   local
località   locality
lodare   to praise
lontano   far, distant
loquace   loquacious, talkative
loro (pron.)   them, to them
loro (poss. adj. or pron.)   their, theirs
lozione (f.)   lotion

118

lui   him
luminoso   bright
luna   moon
luogo   place
   del luogo   local
lupo   wolf
lutto   mourning

M

ma   but
macchina   machine, car
macellaio   butcher
madre (f.)   mother
maestro (a)   teacher
maggiore   major, elder
mai   ever, never
malcontento   dissatisfied
male   badly
maledire   to curse, to damn
maleducato   rude
malessere (m.)   indisposition
malgoverno   misgovernment
malsicuro   unsafe
maltempo   bad weather
maltrattare   to mistreat
malumore (m.)   bad mood
malvisto   unpopular
mamma   mother
mancanza   lack
mancare   to lack
mancia   tip
mandare   to send
   venire mandato   to be sent
mangiare   to eat
maniera   manner
manifestare   to show
manifestazione (f.)   demonstration
mano (f.)   hand
mantello   cloak, coat
mare (m.)   sea
marito   husband
materia   substance, matter
mattina   morning
mattinata   morning
medicina   medicine
medico   physician, doctor
meglio   better
memoria   memory
meno   less, minus

mente (f.)   mind
mentre   while
menzogna   lie
mercato   market
   a buon mercato   cheaply
meritare   to deserve
mese (m.)   month
metropoli (f.)   metropolis
metropolitana   subway
mettere   to place, put
   mettere in guardia   to caution, to warn
   metter in moto   to start
mettersi   to put oneself, to start, to begin
mi (pron.)   me, to me, myself, to myself
migliore   better
milione (m.)   million
minacciosamente   threateningly
minore   smaller, younger
minuto   minute
mio (pl. miei)   my, mine
miracolo   miracle
miracoloso   miraculous
mirare   to aim
misura   measure
moderno   modren
modo   manner, way
moglie (f.)   wife
molto (adj.)   much, many
molto (adv.)   very, quite
momento   moment
moneta   coin
   portamonete (m.)   purse
morale (m.)   moral
morire   to die
moschea   mosque
mostra   show
mostrare   to show
motivo   motive, reason
moto   motion
motto   motto, saying
muovere   to move
museo   museum
musica   music
musicista (m.,f.)   musician
muto   dumb, mute

N

napoletano   Neapolitan
ne (pron.)   of it, of them, about it, about
   them

nè nor
necessario necessary
negare to deny
negoziante (m.) shopkeeper
negozio store
nemico enemy
nemmeno neither, nor
nervoso nervous
nessuno nobody
niente nothing
noi we
nome (m.) name, noun
nostro our, ours
notare to note, notice
notiziario news
notte (f.) night
novella short story
numero number
nuotare to swim
nuovo new

O

o or
obbedire to obey
obbligo obligation
oceano ocean
occhiali (pl. m.) glasses
    occhiali da sole sunglasses
occhio eye
occupare to occupy
odiare to hate
odore (m.) smell
offrire to offer
oggi today
ogni every
    ad ogni modo in any case
    ogni tanto once in a while
ognuno everyone, each one
olio oil
oliva olive
onestà honesty
onesto honest
onorare to honor
onore honor
operario worker
opinione (f.) opinion
opposto opposite
ora (adv.) now

ora (noun) time
ordinare to order
ordine (m.) order
orfano orphan
organizzare to organize
orgoglio pride
orgoglioso proud
orientale eastern
origine (f.) origin
oro gold
orologio watch
ortaggio vegetables
oscurità darkness
oscuro dark
ospitale hospitable, gracious
osservare to observe, to point out
ostile hostile
ottimo excellent
otto eight

P

pacco package
pace (f.) peace
pacifico peaceful
padre (m.) father
padrone (m.) owner
paese (m.) country
pagare to pay
pagina page
paglietta straw hat
pane (m.) bread
paragone (m.) comparison
parente (m.) relative
parere to seem
parlare to speak
parola word
parroco parish priest
parte (f.) part
    fare parte to belong
partire to depart, leave
partita game
    partita di calcio soccer game
passante (m.) passerby
passaporto passport
passare to pass, to spend time
passatempo pastime, hobby
passeggiare to walk, to stroll
passeggiata walk

120

pasto   meal
patente   license
   patente di guida   driver's license
patria   fatherland
patriottismo   patriotism
paura   fear
pazienza   patience
peggio   worse
peggiore *(adj.)*   worse
pena   punishment
   a mala pena   hardly
penisola   peninsula
pensare   to think
pensiero   thought
pentola   pot
per *(conj.)*   in order to
per *(prep.)*   for, because of
perché   because, why
perciò   so, therefore
perdente   loser
perdere   to lose
perfino   even
pericolo   danger
pericoloso   dangerous
permanenza   stay, sojourn
permettere   to allow, permit
però   however
persona   person
pesante   heavy
pesca   fishing
pescatore *(m.)*   fisherman
pesce *(m.)*   fish
pescheria   fish store
pescivendolo   fishmonger
pezzo   piece
piacere *(m.)*   pleasure
piacere   to please
piacevole   pleasant
piangere   to cry
pianista *(m.,f.)*   pianist
piano *(adv.)*   slowly
pianoforte   piano
piatto   dish
piccolo   small
piede *(m.)*   foot
Piemonte   Piedmont
pieno   full
pietà   pity, mercy
pietra   stone
pigliare   to take

pigro   lazy
piovere   to rain
più   more
poco or po'   little, few
   da poco   recently
poesia   poetry
poi   then
poliglotta *(m.)*   polyglot, one who speaks many languages
polizia   police
poliziotto   policeman
pollo   chicken
pomodoro   tomato
pompiere *(m.)*   fireman
popolare   popular
popolo   people
porta   door
portafoglio *(also, portafogli)*   wallet
portare   to carry, to bring, to wear
portiere *(m.)*   janitor; goalie (sport)
portoghese   Portuguese
porzione *(f.)*   portion
possedere   to own
possibile   possible
possibilità   possibility
possibilmente   if possible
possidente *(m.)*   owner
posto   place
potere   to be able
potere *(m.)*   power
pranzo   dinner
   sala da pranzo   dining room
precedente   preceding
precedere   to precede
preferire   to prefer
preghiera   prayer
prego!   don't mention it
premio   prize
prendere   to take
   andare a prendere   to fetch
prendersi   to grab
   prendersi la responsabilità   to assume the responsibility
preoccupare   to worry
preparare   to prepare
prepararsi   to get ready
presentare   to present, to introduce
presente   present
presso   nearby
   nei pressi   near

presto soon
prezzo price
prigione *(f.)* prison
prigioniero prisoner
prima before
primo first
principio beginning
privato private
problema *(m.)* problem
processione *(f.)* procession
professione *(f.)* profession
professore *(m.)* professor
profumo perfume
promesso promise
   "I promessi sposi" The Betrothed
promettere to promise
pronunciare to pronounce
proprietà property
proprietario owner
proprio *(adj.)* own
proprio *(adv.)* just
proseguire to continue, to go on
prossimo next, coming
proteggere to protect
protezione *(f.)* protection
provare to prove, to show
provincia province
psicologo psychologist
pulire to clean
punire to punish
puntare to aim
punteggiatura punctuation
punto dot, period
   punto e virgola semi colon
   due punti colon
pure also

Q

qua here
quaggiù down here
qualche some
quale what, which
qualcuno someone
quando when
quantità quantity
quanto how much
quartiere *(m.)* neighborhood, section, quarter
quarto fourth, quarter

questo this
quì here
quindi therefore

R

rabbia rage, anger
raccogliere to pick up
raccomandare to recommend
racconto story
raffreddore *(m.)* cold
   prendere il raffreddore to catch a cold
ragazza girl
ragazzo boy
raggio ray
raggiungere to reach, arrive, get
ragionamento reasoning
ragionare to reason
ragione *(f.)* reason
   avere ragione to be right
rappresentare to represent
re *(m.)* king
realista *(m.,f.)* realist
reazione *(f.)* reaction
recentemente recently
refrigerato refrigerated
regalare to give a present
regalo present, gift
regione *(f.)* region
relativamente comparatively
religioso religious
rendere to give back
respirare to breathe
   respiro breath
restituire to give back
rete net, goal (sport)
ribattere to refute, answer back
ricchezza wealth
ricco rich
ricevere to receive
richiedere to request
richiesta request
ricompensa tip, reward
riconoscere to recognize
ricordare to remember
ricorrenza anniversary
ridere to laugh
rientro re-entrance
rifiutare to refuse

riguardo   regard
rinunciare   to give up
rione *(m.)*   neighborhood
ripetere   to repeat
riposarsi   to rest
riposo   rest, repose
rischioso   risky
risolto   resolved
rispetto   respect
rispettoso   respectful
rispondere   to answer
risposta   answer, reply
ristorante *(m.)*   restaurant
ritardo   delay
ritorno   return
riunire   to gather, unite
riuscire   to succeed
rivelare   to reveal
rivelazione *(f.)*   revelation
rivolgersi   to turn
roba   stuff
   roba da mangiare   something to eat
romanzo   novel
rompere   to break
rottura   breakage
rumore   noise
ruscello   stream
Russia   Russia
russo   Russian

S

sacco   bag
saggio   wise
sagrestìa   sacristy
sala   hall
salire   to get on, to go up to
salotto   living room
salutare   to greet, to say goodbye
sangue *(m.)*   blood
sapere   to know
sarcasmo   sarcasm
sarcastico   sarcastic
sarto   tailor
sartoria   tailor's, dressmaker's
sbagliarsi   to make a mistake, to err
scappare   to escape, to run away
scarpa   shoe
scendere   to descend, to go down

schiavitù *(f.)*   slavery
scienziato   scientist
sciocco   fool, foolish
scomparire   do disappear
sconosciuto   stranger
scoperto   uncovered
scopo   aim, purpose
scortese   rude, impolite
scritta   inscription, sign
scrivere   to write
scuola   school
scuotere   to shake
scusa   excuse
scusare   to excuse
se   if
secolo   century
secondo *(adj.)*   second
secondo *(prep.)*   according to
   secondo me, te, lei ...   according to me ...
sedersi   to sit down
segno   sign
seguente   following
seguire   to follow
sei   six
selva   forest, wood
selvaggio   wild, savage
selvatico   wild
sembrare   to appear, to seem
sempre   always
sentenza   sentence
sentimento   feeling
sentire   to feel; to hear; to listen
senza   without
separare   to divide
sera   evening
serata   evening
serio   serious
servire   to serve
   servire da ...   to act as ...
   a che serve?   what is it used for?
servitore   servant
seta   silk
sette   seven
settimana   week
   prendere alla settimana   to gain a week
sguardo   look, glance
siccome   since
significare   to mean
   che significa?   what does it mean?

significato   meaning
simpatico   nice, pleasant
sindacato   union
sinistra   left
sobborgo   suburb
soccorso   help
soddisfare   to satisfy
soddisfazione *(f.)*   satisfaction
sofferenza   suffering, pain
soffrire   to suffer
solamente   only
solare   solar, sun
soldato   soldier
sole *(m.)*   sun
solito   usual
   di solito , usually
solo   alone, only
   da solo   by oneself, alone
soltanto   only
sonno   sleep
   avere sonno   to be sleepy
sopra   above, on, upon
soprattutto   above all
sordo   deaf
sordomuto   deaf and dumb
sorella   sister
sorprendere   to surprise
sorridere   to smile
sorso   sip
sorvolare   to fly over
sospendere   to suspend, to hang up
sotto   under
sottosviluppato   underdeveloped
spagnolo   Spanish
sparare   to shoot
spaventare   to frighten
spazio   space
spedire   to send, to dispatch
spegnere   to put out (a light)
   spegnere il motore   to shut off a motor
spendere   to spend
sperare   to hope
spesa   expense
   fare spese   to go shopping
spesso   often
spettacolo   show, performance
spiaggia   beach
spillo   pin
sporcare   to dirty, to soil
sporcizia   dirt

sporco   dirty
sportello   window, door
sportivo   sportsman
sposo   bridegroom
squadra   team
stamani   this morning
stamattina   this morning
stanco   tired
stare   to be, to stay
   stare per . . .   to be about to . . .
stasera   this evening
statistica   statistics
stato   state
   gli Stati Uniti   the United States
stella   star
sterile   barren
stesso   same
stivale *(m.)*   boot
stormo   flock
strada   street
   per la strada   in the street
straniero   foreigner, foreign
strano   strange
straordinario   extraordinary
stringere   to press
   stringere la mano   to shake hands
striscia   strip, streak
strumento   tool, instrument
stupidaggine *(f.)*   nonsense, foolishness
su   on
subito   immediately
succedere   to happen
succo   juice
sud *(m.)*   south
suggerire   to suggest
suo *(pl. suoi)*   his, her, your
suonare   to play
superiore   superior, higher
superstite *(m.,f.)*   survivor
susseguirsi   to follow each other
sveglia   alarm clock
svegliare   to awaken
sviluppare   to develop

T

tagliare   to cut
tale   such a
tanto   so much
   di tanto in tanto   once in a while

tappeto   carpet
tardi   late
tavola   table
teatro   theatre
tedesco   German
telefonico   telephonic
tempio   temple
tempo   time
tentare   to try
tentativo   attempt
tentazione *(f.)*   temptation
tenuta   farm, estate
terra   earth
   per terra   on the ground
terreno   ground, soil
terrorizzato   terrorized
tessera   card, ticket
   tessera d'iscrizione   membership card
testa   head
testimonianza   testimony, evidence, proof
testimonio   witness
timido   shy
tipo   type
tirare   to pull
   tirare fuori   to pull out
titolo   title
togliere   to take away
tomba   tomb
tornare   to return
torto   wrong
   avere torto   to be wrong
tra   between, within
triangolo   triangle
tribunale *(m.)*   court of justice
triciclo   tricycle
Tricolore *(m.)*   the Italian flag
triennale   triennial
trifoglio   clover, shamrock
trimestre *(m.)*   quarter
troppo   too much
trovare   to find
trovarsi   to be, to be situated
truffare   to swindle
truffatore *(m.)*   swindler
tu   you
tuo *(pl. tuoi)*   your
turista *(m.,f.)*   tourist
tutto   everything
   tutti   everybody

U

uccello   bird
uccidere   to kill
ufficio   office
uguale   equal
uguaglianza   equality
ultimo   last
umano   human
un, uno, una, un'   a, an, one
unire   to unite
uomo   man
usare   to use
usanza   custom
uscire   to go out
uscita   exit
utile   useful
uva   grapes

V

vacanza   vacation
vaccinazione *(f.)*   vaccination
valigia   valise
valzer *(m.)*   waltz
varietà   variety, diversity
vecchiaia   old age
vecchio   old
vedere   to see
   non vedo l'ora   I can't wait
veicolo   vehicle
vendere   to sell
venditore *(m.)*   seller
venire   to come
   venire mandato   to be sent
ventidue   twenty-two
ventilazione *(f.)*   ventilation
vento   wind
   non tira buon vento   not a lucky
      chance
venturo   future, next
verità   truth
vero   real, true
verso   toward
vestire   to dress
vestito   dress
vetraio   glazier
vetrina   shop window
vetro   glass

viaggiare   to travel
viaggiatore *(m.)*   traveller, passenger
viaggio   trip
vicino *(adj., adv.)*   near, close
vicino *(noun)*   neighbor
vigilare   to watch over
vincere   to win
vincitore *(m.)*   winner, victor
vino   wine
virgola   comma
   virgolette *(pl.)*   quotation marks
virtù *(f.)*   virtue
vivere   to live
vivo   alive
visitare   to visit
vista   sight
   punto di vista   point of view

voce *(f.)*   voice
voglia   wish
volere   to want
   che vuole dire?   what does it mean?
volontà   will
   volontario   voluntary
volta   time
   qualche volta   sometime
voltarsi   to turn around

Z

zero   zero
zia   aunt
zio   uncle
zitto   silent

NTC ITALIAN TEXTS AND MATERIALS

Computer Software
Italian Basic Vocabulary Builder on
  Computer

Language Learning Material
NTC Language Learning Flash Cards
NTC Language Posters
NTC Language Puppets
Language Visuals

Exploratory Language Books
Let's Learn Italian Picture Dictionary
Let's Learn Italian Coloring Book
Getting Started in Italian
Just Enough Italian
Multilingual Phrase Book
Italian for Beginners

Conversation Book
Basic Italian Conversation

Text and Audiocassette Learning Packages
Just Listen 'n Learn Italian
Conversational Italian in 7 Days
Practice & Improve Your Italian
Practice & Improve Your Italian PLUS
How to Pronounce Italian Correctly
Lo dica in italiano

Italian Life and Culture
Il giro d'Italia Series
  Roma
  Venezia
  Firenze
  Il Sud e le isole
  Dal Veneto all'Emilia-Romagna
  Dalla Val d'Aosta alla Liguria
Vita italiana
A tu per tu
Nuove letture di cultura italiana
Lettere dall'Italia
Incontri culturali

Contemporary Culture—in English
Italian Sign Language
Life in an Italian Town
Italy: Its People and Culture
Getting to Know Italy
Let's Learn about Italy
Il Natale
Christmas in Italy

Songbook
Songs for the Italian Class

Puzzles
Easy Italian Crossword Puzzles

Graded Readers
Dialoghi simpatici
Raccontini simpatici
Racconti simpatici
Beginner's Italian Reader

Workbooks
Sì scrive così
Scriviamo, scriviamo

High-Interest Readers
Dieci uomini e donne illustri
Cinque belle fiabe italiane
Il mistero dell'oasi addormentata
Il milione di Marco Polo

Literary Adaptations
L'Italia racconta
Le avventure di Pinocchio

Contemporary Literature
Voci d'Italia Series
  Italia in prospettiva
  Immagini d'Italia
  Italia allo specchio

Duplicating Masters
Italian Crossword Puzzles
Basic Vocabulary Builder
Practical Vocabulary Builder
The Newspaper

Transparencies
Everyday Situations in Italian

Grammar Handbook
Italian Verbs and Essentials of Grammar

Dictionary
Zanichelli New College Italian and English Dictionary

For further information or a current catalog, write:
National Textbook Company
a division of *NTC Publishing Group*
4255 West Touhy Avenue
Lincolnwood, Illinois 60646-1975 U.S.A.